DANKSAGUNG

Ich widme dieses Buch vor allem unseren Vorfahren, die ausgezeichnete Konditoren und Köchinnen waren und die es durch ihre Erfahrung und Ausdauer geschafft haben, daß dieses Können, das so viele Generationen erarbeitet, vorbereitet und zur Vollendung gebracht haben, überliefert wurde, weiter besteht und eines Tages die zaubergierigen Kinderaugen zum Leuchten bringen wird. Denn das ist ein Teil des Weihnachtszaubers.

Ich widme es außerdem Madame Violette KAPPLER aus Molsheim und Madame Lucie FILOSI-CONSTANS aus Diemeringen für die Rezepte, die sie mir überlassen haben.

Meinem Freund Guy ZEISSLOFF, Konditormeister und Schokoladenhersteller, ehemals Chef-Patissier im Hilton-Strasbourg, Lehrer des Konditoreifachs an der CAPA in Strasbourg-Eschau, der die Rezepte überprüft hat.

Camille und Valentin, daß sie ihrerseits diese Kunst an künftige Generationen weitervererben.

Tania für ihre große Geduld

Texte, Fotos, Styling, Entwurf und Umschlagsgestaltung: Thierry KAPPLER
Satz und Reproduktion: Satzwerkstatt Reiner Rosenwald, Baden-Baden
Druck und Verarbeitung: Grafiche SIZ, Verona
Übersetzt aus dem Französischen: Andrea Weller, Brigitte Vogt

Thierry KAPPLER

Plätzle, Kuchen und Gebäck

Köstlichkeiten zu Weihnachten, die einer
langen Familientradition entstammen

LECKERBISSEN AUS DEM
ELSASS

EURO-REGIONS EDITIONS
EUREGIO
VERLAGE

Der größte Teil dieser Rezepte stammt aus alten handgeschriebenen Rezeptheften, vor allem vom Anfang dieses Jahrhunderts, der Familie KAPPLER und FILOSI-CONSTANS. Die übrigen Rezepte wurden mir von Verwandten mündlich überliefert.
Die für diesen Band fotografierten Plätzchen, Kuchen und Nachtische wurden von Thierry KAPPLER zubereitet.

VORWORT

»Sie ließ einen von diesen kurzen und dicklichen ‚kleine Madeleine' genannten Kuchen holen, die aussehen als ob sie in der gerillten Schale einer Jakobsmuschel geformt wären. Alsbald führte ich ganz gedankenlos, weil ich von dem trübseligen Tag und der Aussicht auf den tristen darauffolgenden Tag deprimiert war, einen Löffel mit Tee in dem ich zuvor ein Stückchen von der Madeleine hatte weich werden lassen an meine Lippen. In dem Augenblick, wo der Tee vermischt mit den Küchenkrümeln meinen Gaumen berührte, zuckte ich zusammen und lenkte meine ganze Aufmerksamkeit auf das außergewöhnliche Gefühl in mir. Eine herrliche Freude hatte von mir Besitz genommen, ganz abgelöst, ohne erkennbaren Grund.«

IN SWANNS WELT
Marcel PROUST

Die Veröffentlichung dieser Rezepte soll in erster Linie eine Hommage sein und hat deren Überlieferung als Zweck, in der Hoffnung das Wesen des im Laufe der Generationen überlieferten Könnens wohlverpackt zu bewahren und festzuhalten.

Sollte man nicht der Überzeugung sein, daß der Brauch der Weihnachtsplätzchen ein Teil der elsässischen Identität sei, die, wie man weiß, auch kulinarisch ist?

Für die elsässischen Kinder brachte das Ritual der Plätzchenzubereitung die festliche Erwartung in der sanften Abfolge der gemütlichen Adventsonntage mit sich.

Bei den Erwachsenen bot die Möglichkeit, daß den Dezembergästen Plätzchen dargeboten wurden, die spezielle für Weihnachten zubereitet worden waren, eine Zugang zu einer besonderen Geselligkeit, die ausschließlich dieser Zeit vorbehalten war.

Und trotzdem scheint es mir, daß von Jahr zu Jahr, obwohl diese Plätzchentradition immer wieder aufgenommen wird, sie nachläßt, gar verarmt und der Zauber der Weihnachtsfeste von damals immer schwächer wird. Das baldige Verschwinden dieser schönen Tradition scheint schon vorprogrammiert.

Ein Rezeptbuch hat sicherlich keine große Bedeutung um den Lauf der Zeit aufzuhalten. Ich hege aber die Hoffnung, daß die hinterlassenen Spuren, die in diesem Buch Gestalt annehmen, es den künftigen Generationen ermöglichen, noch lange ihre Weihnachtsfeste mit Köstlichkeiten aus alter Zeit zu schmücken.

Ihretwegen haben wir die Veröffentlichung dieser Rezepte und des Könnens, das sie in sich bergen, billigen können – denn, trotz mündlicher Überlieferung, sind sie zuerst ein Familiengeheimnis.

GESCHICHTE DES KUCHENBACKENS UND DER KONDITOREI IM ELSASS

Im Mittelalter

Im Frühmittelalter und im Mittelalter selbst gab es weder Bäcker noch Konditoren und natürlich keinen Backofen bei Privatpersonen. Die Leute ließen Ihr Brot bei ihrem Herrn oder im Kloster backen.

Im 15. Jahrhundert

Diese Zeit war für die Entwicklung des Brotbäckerhandwerks günstig. Der Brotbäcker ging von Dorf zu Dorf, um das Brot zu backen (Hussbrotbecker), das die Leute vorbereitet hatten, oder er ließ die Leute mit ihrem Brotteig zu sich kommen, um das Brot zu backen (Brotbecker). [1])
Mitte des 15. Jahrhunderts entstand der Beruf des Bäckers; er machte sowohl Brot als auch Kuchen.
Ein Teil dieses Berufsstandes spezialisierte sich dann als „Lebkuechler" (Lebkuchenbäcker), als „Pastetenbäcker" (Pastetenhersteller) oder als „Fladler" (Konditor). [2])

Diese Trennung wurde durch den Gemeindeerlaß in Strasbourg 1476 geregelt, der eine klare Trennung zwischen dem Bäcker- und dem Konditorberuf verordnete. Von dieser Zeit an durften nur die Konditoren edles Mehl, Zucker, Honig und Gewürze zur Herstellung von Kuchen, Lebkuchen und Pasteten benützen.
Dieser Erlaß wurde 1549 und 1557 wieder erneuert. Er legte dann fest, daß Lebkuchen, Bretzeln, „Ladebredele", „Hutzelbrot" und „Bereweck" als Kuchen gelten.
Gegen Ende des 15. Jahrhunderts wurde der Beruf des Konditors bestätigt. Bis dahin wurden vor allem Mehl, Eier, Milch und Honig als Zutaten verwendet.

Im 16. Jahrhundert

Der Ursprung der Konditorei im Elsaß läßt sich bis ins Frühmittelalter zurückverfolgen, aber die darüber hinterlassenen Aufzeichnungen sind leider nur von geringer Zahl.

Die ersten schriftlichen Aufzeichnungen stammen vom Anfang des 16. Jahrhunderts.[3]) Weitere Hinweise, welche die Lebkuchen betreffen, sind bei dem Prediger Geiler von Kaysersberg in „Die Emeis“ 1516 zu finden.

Im Laufe dieses Jahrhunderts sind in den Backbüchern eine große Anzahl von Plätzchenrezepten zu finden, die auf eine sehr fruchtbare Vergangenheit schließen lassen, nämlich „Muskatzünglein“, Zuckerbrote“, Mandelbrote, Mandelschnitten, „Hussaren“ und Anisbrote, die zu dieser Zeit mit Hilfe von Kuchenformen aus geschnitzten und ausgehöhlten Hölzern von Obstbäumen gemacht wurden. Diese Model stülpte und drückte man auf den ausgerollten Teig, dann wurden sie entlang der hinterlassenen Markierungen herausgeschnitten. Sie wurden „Sprengerle“ genannt. Diese Kuchenformen für die Sprengerle sind kleine Kunstwerke. Es sind sehr fein geschnitzte Holzminiaturen, die Szenen aus dem Alltag (u. a. alle einzelnen Berufsstände) sowie Tierfiguren aus der Folklore oder heilige Figuren darstellen.

Im Laufe desselben Jahrhunderts werden neue Zutaten wie Mandeln, Walnüsse, Haselnüsse, getrocknete Früchte (Zwetschgen, Äpfel, Birnen) sowie Gewürze wie Anis, Zimt, Fenchel, Nelken, Ingwer oder Kardamom verwendet. Das Marzipan kommt auch auf den Markt, wird aber zu dieser Zeit vom Apotheker zubereitet. Es wird erst viel später eine Süßigkeit werden.

Im 17. Jahrhundert

Das ist das Jahrhundert, welches durch die Entwicklung der Konditorei im allgemeinen gekennzeichnet ist. In verschiedenen Veröffentlichungen kommen Bezeichnungen wie „Schneeballen“, „Eyerspitzlin“, „Eyerring“ u.s.w. vor.

Mehl und Honig ersetzen Mandeln und Zucker, die in diesen mehr

als schwierigen Zeiten viel zu teuer geworden sind. Leider wird die Adventszeit nicht mehr der festlichen Charakter der vorangegangenen Zeit haben. Es wird sogar ab dem 16. August 1693 verboten sein, Kuchen und Süßigkeiten herzustellen. Das Leben war einfach zu teuer. Diese schwierige Zeit endet erst 20 Jahre später, und das genau am 20. Dezember 1713. Als einzige Ausnahme durften Bäkker und Konditoren wieder Sprengerle dank dem Erlaß vom 13. Juni 1708 herstellen. Durch diese Verordnung konnten die elsässischen Kinder ihre Sprengerle, den schönsten Schmuck der Weihnachtszeit, wieder am Weihnachtsbaum hängen sehen.
Im Laufe dieses Jahrhunderts tritt der Zucker zaghaft in Erscheinung, aber auch exotische Zutaten wie Feigen, Datteln, Apfelsinen (für das Orangeat), Zitronen (für das Zitronat) oder Korinthen werden in die Kochkunst eingeführt.

Im 18. Jahrhundert
In diesem Jahrhundert nimmt die serienmäßige Herstellung von Weihnachtsgebäck, und insbesondere von Lebkuchen, in Städten wie Gertwiller, Traenheim oder Molsheim eine vorherrschende Stellung ein.

Im 19. Jahrhundert
Es ist das bedeutendste Jahrhundert, was die Verbreitung von Kochbüchern, die sich mit althergebrachten Rezepten beschäftigen, anbelangt. Eine große Anzahl von Büchern erscheint. Wir nennen hier nur einige wenige: „Oberrheinisches Kochbuch für junge Hausmütter“ 1819, „L'ancienne Alsace à Table“ 1862 oder „La cuisinière du Haut-Rhin“ 1842. Durch diese wurden die „Schankele“ des Oberelsaß, die „Schwowebredele“ des Niederelsaß, aber auch die „Hirtzhernle“, die „Kritzelkiechle“ oder die „geschwungenen Eyer“ (Vanillesoße) die immer noch viele Elsäßer genüßlich verspeisen, entdeckt. Im Laufe dieses Jahrhunderts erscheinen zum ersten Mal Butter und Schokolade.

Im 20. Jahrhundert

In der ersten Hälfte dieses Jahrhunderts wird die Tradition in diesem Bereich weitergeführt. Leider verkümmert sie seit der Mitte des Jahrhunderts, und zahlreiche Familiengeheimnisse sind ganz einfach untergegangen oder ausgestorben. Allein was schriftlich festgehalten wird, kann Zeugnis dieser Tradition bleiben.

LEGENDE UND SYMBOLIK

Schon immer haben die „Bredele" unseren Gaumen erfreut und sie haben auch immer unsere Christbäume geschmückt. Mit Ausnahme vielleicht der „Sprengerle", die auf Grund ihrer einfachen Zusammensetzung, für den Verzehr nicht so beliebt waren. Erst später werden auch die Sprengerle eine Delikatesse werden. Während sie schon immer durch ihre einmalige Verzierung ein wunderbarer Schmuck des Weihnachtsbaumes waren.

Die Herkunft des Christbaums und seiner Legende ist einem Holzfäller zu verdanken, der sich bei Sonnenuntergang im Wald des Val de Villé aufhielt. Die letzten Sonnenstrahlen erleuchteten eine kleine Tanne, die unter ihrem Schneemantel zu glitzern anfing. Nach Sélestat zurückgekehrt und noch unter dem Zauber dessen stehend, was er gerade gesehen hatte, beeilte er sich, die kleine Tanne, die er gefällt hatte, zu schmücken, um ihr die gleiche Pracht zu verleihen.[4]) Er hängte an den Baum stern-, tannen- oder mondsichelförmige „Bredele" (die Mondsichel symbolisiert Weihnachten) sowie ring- und schneckenförmige „Bredele" (die Schnecke versinnbildlicht das Glück und verjagt das Böse), Schankele u.s.w. ...

Siehe 1) „La gastronomie alsacienne ", François Voegelin, Seite 113
2) „La gastronomie alsacienne", François Voegelin, Seite 114
3) „La cuisine du Haut-Rhin", Seite 203 und
„Arts et traditions d'Alsace", Georges Klein 1973, Seite 168
4) „Die Legende von der Entstehung des Christbaums", Jean Nogues, Almanach der Dernières Nouvelles d'Alsace, 1978, Seite 147

Das Mehl

Schon seit Menschengedenken steht das Dreigespann aus Weizen, Mehl und Brot als das Symbol, für die Arbeit des Menschen und seine Ernährung.

Im Jahre 1865 entstand am Ufer der Ill, in Illkirch, die Mehlfabrik, aus der einmal die GRANDS MOULINS DE STRASBOURG entstehen sollten. Sie verkörpern den Geist des regionalen Bäcker- und Konditorwesens. Von 1000 Zentnern täglich im Jahre 1902 auf über 10 000 Zentner heute haben die GRANDS MOULINS unaufhörlich Neuerungen eingeführt, mit dem Ergebnis, daß sie heute an der Spitze aller französischen Mehlfabriken stehen.

Spitzentechnologie und traditionelles Knowhow in Verbindung mit einem aus den besten Körnern selektierten Mehl garantieren dem Verbraucher eine stets konstante Qualität und eine sehr gute Verarbeitungsfähigkeit.

Das von uns für alle folgenden Rezepte empfohlene Mehl GRUAU D'OR 000 ist ein Auszugsmehl aus den Herzen der besten Zuchtweizenkörner.

Dank seines hervorragenden Geschmacks und seines hohen Aufgehvermögens ist es bestens für alle feinen Gebäck- und Kuchensorten geeignet.

Unverzichtbar für das gute Gelingen von Gugelhupf, Weihnachtsplätzchen ...

GRANDS MOULINS DE STRASBOURG
1, place Henry Levy - BP 80 - 67016 Strasbourg Cedex

UNBEDINGT SEHENSWERT

Musée d'art et traditions populaires in La Petite Pierre (67)
Ein Nebengebäude ist ganz den „Sprengerle" gewidmet. Kuchenformen und Abgüsse weisen auf eine drei jahrhundertelange Geschichte und Tradition.
11, rue des remparts, 67290 La Petite Pierre. Tel. 00.33.388.70.41.41
Öffnungszeiten: Täglich von 10 bis 12 Uhr und von 14 bis 18 Uhr. Montags und im Januar geschlossen

Musée d'arts et de traditions populaires in Marmoutier (67)
Eine Abteilung ist einer einmaligen Sammlung von Terrakottakuchenformen der ältesten elsässischen Tradition gewidmet.
22, rue du Général Leclerc, 67440 Marmoutier.
Tel. 00.33.388.70.89.18
Öffnungszeiten: sonntags und an Feiertagen von 10 bis 12 Uhr und von 14 bis 18 Uhr. Unter der Woche auf Voranmeldung im Rathaus unter der Nummer 00.33.388.71.46.84
Vom 1. November bis 30. April geschlossen.

Musée du pain d'épices Lips in Gertwiller (67)
Dieses Privatmuseum ist ganz der Bäckerei, der Konditorei, den Lebkuchen und der elsässischen Volkskunst gewidmet.
110, rue principale, 67140 Gertwiller. Tel. 00.33.388.08.93.52
Öffnungszeiten: sonntagnachmittags von 14 bis 18 Uhr.
Unter der Woche auf Voranmeldung für Gruppen.

Dem Museologen Alain MORLEY vielen Dank für seine kostbaren Auskünfte.

Plätzle

WISS UN SCHWARZI BUTTER BREDELE

SCHWARZ-WEISSES BUTTERGEBÄCK

Zubereitungszeit: 50 Minuten
Gewicht nach dem Backen: 700 Gramm

350 g Mehl*
150 g Zucker
2 Eigelb
200 g Butter
1 EL Rum
1 EL Sahne
2 EL Kakao

ZUBEREITUNG

Den Zucker mit dem Mehl mischen, die Butterflöckchen dazugeben und so lange kneten bis sich alles gut vermischt hat, dann die Eigelb dazugeben und weiterkneten. Der Teig muß sich gut ausrollen lassen, je nachdem noch Mehl oder Milch dazugeben. Den Teig in 3 Teile schneiden. Zwei Teile in den Kühlschrank legen. Den dritten Teil mit dem Rum, der Sahne und dem Kakao mischen. Diesen Teig auch in 2 Teile schneiden und kaltstellen.

Spiralmuster

Einen Teil des weißen und des dunklen Teig jeweils zu einem Rechteck von etwa 2 mm Dicke ausrollen. Den hellen Teig mit Milch bestreichen und den dunklen Teig darauf legen. Den Teig der Länge nach aufrollen bis eine etwa 2,5 cm dicke Rolle entsteht. Etwa 3 - 4 Stunden kühlstellen.

Schachbrettmuster

Den zweiten Teil des hellen Teiges noch einmal teilen, die eine Hälfte etwa 2 mm dick und 15 cm lang zu einem Rechteck ausrollen. Den restlichen hellen und dunklen Teig zu etwa 1 cm dicken Rollen formen, insgesamt 4 Stück.

Rezept von Frau Violette Kappler

*Gruau d'Or 000

Die Oberseite des ausgerollten hellen Teiges mit Milch bestreichen, dann je eine helle und eine dunkle Teigrolle der Länge nach nebeneinander darauflegen, mit Milch bestreichen und nochmals 2 Teigrollen darauflegen, auf die helle eine dunkle Teigrolle und umgekehrt. Das ganze nochmals mit Milch bestreichen, den hellen ausgerollten Teig von beiden Seiten überschlagen. Das ganze mit dem Spatel zu einem Quadrat formen. 3 - 4 Stunden kaltstellen.

Marmormuster

Die hellen und dunklen Teigreste zu einem Teig verarbeiten, eine 2 cm dicke Rolle formen und 3 - 4 Stunden kaltstellen.

Anschließend die unterschiedlichen Teigformen in etwa 5 mm dicke Scheiben schneiden und auf ein gefettetes Backblech setzen. Achten Sie darauf, daß die Scheiben nicht zu eng zusammengesetzt werden.

In den Backofen schieben

BACKZEIT

Den Ofen vorheizen. Thermostat 5 – (Heißluft 6).

18 Minute backen.

Der Teig muß hell bleiben.

(siehe Tips Seite 136)

ALS GETRÄNKE EMPFEHLEN WIR

Kaffee, Tee, Champagner, lieblicher Weißwein: Gewürztraminer, Muscat, Sauternes, Coteau du Layon, Monbazillac

Rezept von Frau Violette Kappler

NUSS KROKETTLE

NUSSPLÄTZCHEN

Zubereitungszeit: 35 Minuten
Gewicht nach dem Backen: 1300 g

500 g Mehl*
400 g Zucker
4 ganze Eier
½ Päckchen Backpulver
100 g Nüsse
60 g Zitronat (siehe Tips S. 129)
4 TL Zimt gemahlen.
6 Päckchen Vanillezucker (siehe Tips S. 132)
¼ Glas Milch

ZUBEREITUNG

Das Zitronat in kleine Stückchen schneiden. Die Nüsse grob hacken. Das Mehl mit dem Zucker, dem Backpulver, dem Zimt, den Nüssen und dem Zitronat mischen. Die Eier am Schluß dazugeben. Falls notwendig, noch etwas Milch beifügen, damit der Teig geschmeidig wird, aber er muß sehr fest bleiben.
Den Teig in 10 gleichmäßige Teile schneiden. Aus jedem Teil eine 1,5 cm dicke Rolle formen, auf ein gefettetes Backblech setzen, mit Milch bestreichen und mit Vanillezucker bestäuben.
Dann in den Backofen schieben.
Nach der Backzeit herausnehmen, etwa 5 Minuten abkühlen lassen und dann in etwa 5 Millimeter starke schräge Scheiben schneiden.

BACKZEIT

Den Ofen vorheizen. Thermostat 6, (Heißluft 7).
20 Minuten backen.
Der Teig muß hellbleiben (s. Tips Seite 136).

ALS GETRÄNKE EMPFEHLEN WIR

Kaffee, Tee, Champagner, liebliche Weißweine: Gewürztraminer, Muscat, Sauternes, Coteau du Layon, Monbazillac...

Rezept von Frau Violette Kappler

*Siehe Produkt-Info Seite 11.

ANIS BREDELE

ANISGEBÄCK

Zubereitungszeit: 30 Minuten
Gewicht nach dem Backen: 1000 Gramm

500-600 g Mehl*
500 g Zucker
6 ganze Eier
4 gehäufte TL Aniskörner

ZUBEREITUNG

Die Eier und den Zucker unter Rühren in einem Topf unter dauerndem Rühren erhitzen (zwischen lauwarm und warm).
Vom Herd nehmen und so lange weiterschlagen, bis die Masse weiß wird. Den Anis und 500 g Mehl zugeben. Machen Sie eine Teigprobe. Er darf sich auf keinen Fall zu leicht ausrollen lassen. Falls der Teig zu weich ist, noch die weiteren 100 g Mehl unterrühren.
Ein Blech fetten und mit einer Teigspritze mit 8-mm-Vorsatz kleine Häufchen von etwa 2 cm Durchmesser oder 4 cm lange Zungen daraufspritzen. Bei Raumtemperatur mindestens 3 Stunden in einem Raum ohne Luftzug trocknen lassen. Auf der Oberfläche muß sich eine feine, weiße Kruste bilden.
Dann in den Backofen schieben.

BACKZEIT

Den Ofen vorheizen. Thermostat 6 (Heißluft 7).
12 Minuten backen.
Der Teig muß hell bleiben (siehe Tips Seite 136).

ALS GETRÄNKE EMPFEHLEN WIR

Kaffee, Tee, Champagner, liebliche Weißweine: Gewürztraminer, Muscat, Sauternes, Coteau du Layon, Monbazillac...

Rezept von Frau Violette Kappler

*Gruau d'Or 000

SPRETZ BREDELE
MANDELSPRITZGEBÄCK

Zubereitungszeit: 45 Minuten
Gewicht nach dem Backen: ca. 1100 Gramm

500 g Mehl*
250 g Zucker
2 ganze Eier
250 g Butter
175 g Mandeln

ZUBEREITUNG

125 g der Mandeln hacken.
Die restlichen 50 g Mandeln in heißem Wasser einweichen, danach schälen.
Den Zucker und das Mehl mischen.
Die weiche Butter hinzugeben und solange rühren, bis sich alles vollständig vermischt hat. Dann die ganzen Eier einrühren.
Den Teig in zwei gleiche Teile halbieren. Eine Hälfte in den Kühlschrank geben. Die gehackten Mandeln mit der zweiten Hälfte vermengen und dann ebenfalls im Kühlschrank 2 Stunden kaltstellen.
Ein Blech mit Butter einfetten. Die Teigspritze mit dem Einsatz „Stern" bestücken und mit dem Mandelteig Buchstaben wie S, I, O, C auf das Blech formen. In die Mitte des Buchstabens O können Sie jeweils eine der geschälten Mandeln drücken. Mit dem Teig in dem keine Mandeln verarbeitet sind formen Sie mit der Teigspritze und dem länglichen Einsatz kleine Zungen von ca. 3 cm Länge.
In den vorgeheizten Ofen geben.

BACKZEIT

Den Ofen vorheizen. Thermostat 6/7 (Heißluft 7/8).
15 Minuten backen.
Der Teig muß hell bleiben (siehe Tips Seite 136)

ALS GETRÄNKE EMPFEHLEN WIR

Kaffee, Tee, Champagner, liebliche Weißweine: Gewürztraminer, Muscat, Sauternes, Coteau du Layon, Monbazillac...

Rezept von Frau Violette Kappler

*Siehe Produkt-Info Seite 11.

VANILLE HERNLE
VANILLEHÖRNCHEN

Zubereitungszeit: 35 Minuten
Gewicht nach dem Backen: 600 Gramm

300 g Mehl*
80 g Zucker
50 g Puderzucker
200 g Butter
50 g Mandeln
2 Päckchen Vanillezucker (siehe Tips S. 132)
1 Prise Salz

ZUBEREITUNG

Die Mandeln sehr fein hacken. Das Mehl mit dem Zucker, einem Päckchen Vanillezucker, den Mandeln und dem Salz mischen. Die Butter dazugeben und kneten, bis sich alles gut vermischt hat. Den Teig etwa 5 mm dick ausrollen, mit einer Hörnchenform ausstechen und auf ein gefettetes Backblech setzen. Dann in den Backofen schieben.

Den Puderzucker und das letzte Päckchen Vanillezucker mischen. Sobald die Hörnchen aus dem Ofen kommen, diese damit bestäuben.

BACKZEIT

Den Ofen vorheizen. Thermostat 5, (Heißluft 6).
15 Minuten backen.
Der Teig muß hell bleiben (siehe Tips Seite 136).

ALS GETRÄNKE EMPFEHLEN WIR

Kaffee, Tee, Champagner, liebliche Weißweine: Gewürztraminer, Muscat, Sauternes, Coteau du Layon, Monbazillac...

Rezept von Frau Violette Kappler

*Gruau d'Or 000

GFELDI MANDEL MAKRONE

GEFÜLLTE MANDEL MAKRONEN

Zubereitungszeit: 55 Minuten
Gewicht nach dem Backen: 650 Gramm

170 g Puderzucker
3 Eiweiß
175 g Mandeln
1 TL Zitronensaft
350 g Marzipanrohmasse (grün)
½ TL Mandelaroma

ZUBEREITUNG

Die Mandeln hacken.
Die Eiweiß und den Puderzucker bei etwa 55 Grad (gut handwarm) unter dauerndem Rühren erhitzen, dann die Masse zu sehr steifem Schnee schlagen. (siehe Tips Seite 139).
Die Mandeln, den Zitronensaft und das Mandelaroma vorsichtig unterheben. Mit Hilfe einer Teigspritze mit einem 8-mm-Vorsatz kleine Zungen von 6 cm Länge formen. In den Backofen geben.
Die Marzipanrohmasse zuschneiden und kleine Stäbchen rollen, 1 cm Durchmesser und etwa 6 cm lang. Zwischen zwei Mandelzungen ein Marzipanstäbchen geben und leicht andrücken.

BACKZEIT

Den Ofen vorheizen.
Thermostat 4 (Heißluft 5).
15 Minuten backen!
(siehe Tips Seite 136)

ALS GETRÄNKE EMPFEHLEN WIR

Kaffee, Tee, Champagner, liebliche Weißweine: Gewürztraminer, Muscat, Sauternes, Coteau du Layon, Monbazillac...

Rezept von Frau Violette Kappler

BASLER LÄCKERLE
GEWÜRZBROT

Zubereitungszeit: 30 Minuten
Gewicht nach dem Backen: 1100 Gramm

*375 g Mehl**
125 g Zucker
1 Päckchen Backpulver
100 g Mandeln
100 g kandierte Früchte gemischt (Orange, Zitrone, Engelwurz, Kirschen)
½ TL Lebkuchengewürz
200 g Tannenhonig, gut flüssig (kalt)
2 kleine Schnapsgläser Mirabellen- oder Kirschwasser
5 cl Milch
200 g Puderzucker

ZUBEREITUNG

Die kandierten Früchte in kleine Stücke schneiden. Die Mandeln hacken. Den Zucker mit dem Mehl, dem Backpulver, den Mandeln, den kandierten Früchten und den Gewürzen mischen. Den Honig und ein kleines Glas Schnaps untermischen. Den Teig gut bearbeiten. Soviel Milch zufügen, bis ein Teig entsteht der sich gut ausrollen läßt. Den Teig etwa 1 cm dick ausrollen, auf ein gefettetes Backblech geben. Dann in den Backofen schieben.

Den Puderzucker mit dem restlichen Glas Schnaps und 1 EL kaltem Wasser vermischen. Nach dem Backen den Teig abkühlen lassen, dann mit der Mischung bestreichen. Nochmals etwa 2 bis 3 Minuten in den sehr heißen Ofen geben. Nochmals abkühlen lassen und in kleine Quadrate, von etwa 2,5 cm Seitenlänge, schneiden.

BACKZEIT

Den Ofen vorheizen. Thermostat 6/7, (Heißluft 7/8).
18 Minuten backen.
Der Teig muß hell bleiben (siehe Tips Seite 136).

ALS GETRÄNKE EMPFEHLEN WIR

Kaffee, Tee, Champagner, liebliche Weißweine: Gewürztraminer, Muscat, Sauternes, Coteau du Layon, Monbazillac...

Rezept von Frau Violette Kappler

*Siehe Produkt-Info Seite 11.

MANDELZENGELE
MANDELZUNGEN

Zubereitungszeit: 2 Stunden
Gewicht nach dem Backen: 1400 Gramm

700 g Zucker
500 g Puderzucker
4 Eiweiß
750 g Mandeln
4 TL Zitronensaft
Schale von 2 Zitronen

ZUBEREITUNG

600 g Mandeln hacken. Die restlichen 100 g Mandeln mit kochendem Wasser übergießen, schälen und in 2 Teile trennen. Die Zitronenschale abraspeln.
Die Eiweiß und den Zucker bei etwa 55° (gut handwarm) unter ständigem Rühren erhitzen, danach die Masse zu steifem Schnee schlagen (siehe Tips Seite 139). Die gehackten Mandeln, die Zitronenschale und den Saft vorsichtig unterheben. Im Kühlschrank 1 Stunde kaltstellen. Die Masse mit Hilfe des Puderzuckers etwa 3 mm dick ausrollen. Mit einem Ausstechers ovale Zungen ausstechen und die Stücke auf ein gefettetes Backblech setzen, etwa 2 Stunden trocknen lassen.
In den Backofen geben.
Den Puderzucker mit 6 EL kaltem Wasser verrühren, die Masse muß sehr dickflüssig sein.
Die Stücke mit einem Spatel oder einem Messer bestreichen und eine geschälte Mandelhälfte in die Masse drücken. Wieder auf ein Blech setzen und nochmals für 2 bis 3 Minuten in den heißen Ofen geben.
Eine Nacht trocknen lassen.

BACKZEIT

Den Ofen vorheizen. Thermostat 5, (Heißluft 6).
20 Minuten backen (siehe Tips Seite 136).

ALS GETRÄNKE EMPFEHLEN WIR

Kaffee, Tee, Champagner, liebliche Weißweine: Gewürztraminer, Muscat, Sauternes, Coteau du Layon, Monbazillac...

Rezept von Frau Violette Kappler

SCHWOWE BREDELE
SCHWÄBISCHES SANDGEBÄCK

Zubereitungszeit: 1 Std. 30 Minuten
Gewicht nach dem Backen: 1800 g

750 g Mehl*
400 g Zucker
3 ganze Eier
2 Eigelb
350 g Butter
1,5 Päckchen Backpulver
350 g Mandeln
3 TL gemahlener Zimt
2 kleine Schnapsgläser Mirabellen- oder Zwetschgenwasser
180 g Biskuitbrösel
Schale von 3 Zitronen
1 gestrichener TL Salz

ZUBEREITUNG

Die Mandeln hacken. Die Biskuitbrösel (man kann eventuell auch Kuchenreste verwenden) leicht anrösten. Die Zitronenschalen abraspeln.
Den Zucker und das Backpulver mit dem Mehl mischen. Die Butter dazugeben und kneten bis sich alles miteinander verbunden hat. Die 3 ganzen Eier dazugeben, dann die Mandeln, die Brösel, den Zimt, das Salz, die Zitronenschale und den Schnaps untermischen. Im Kühlschrank 3 bis 4 Stunden ruhen lassen.
Den Teig etwas 4 bis 5 mm dick ausrollen und mit dem Ausstecher verschiedene Formen ausstechen, mit einem Teigheber auf ein gefettetes Backblech setzen. Das Eigelb mit etwas Milch vermischen und das Gebäck damit bestreichen.
In den Backofen geben.

BACKZEIT

Den Ofen vorheizen. Thermostat 6/7 (Heißluft 7/8).
10 Minuten backen. Der Teig muß hell bleiben (siehe Tips Seite 136).

ALS GETRÄNKE EMPFEHLEN WIR

Kaffee, Tee, Champagner, liebliche Weißweine: Gewürztraminer, Muscat, Sauternes, Coteau du Layon, Monbazillac...

Rezept von Frau Violette Kappler

*Gruau d'Or 000

WISSI LABKIECHLE
WEISSE LEBKUCHEN

Zubereitungszeit: 60 Minuten
Gewicht nach dem Backen: 1000 Gramm

400 g Puderzucker
4 Eiweiß
400 g Mandeln
100 g Zitronat (siehe Tips Seite 129)
150 g Orangeat (siehe Tips Seite 129)
40 g kandierte Kirschen
40 g kandierter Engelwurz
¼ TL Zimt gemahlen
Schale von einer halben Zitrone

ZUBEREITUNG

Die Mandeln hacken. Zwei Viertel des Orangeats zurückbehalten, die restlichen kandierten Früchte in ganz kleine Stücke schneiden.
Die Eiweiß mit dem Puderzucker bei 55° unter ständigem Rühren erhitzen (gut handwarm), dann die Masse zu sehr steifem Schnee schlagen (siehe Tips Seite 139).
Die kandierten Früchte, den Zimt, die Zitronenschale und die Mandeln vorsichtig unterheben. Mit 2 Kaffeelöffeln kleine Halbkugeln formen von 2 cm Durchmesser und auf ein gefettetes Blech setzen. Das restliche Orangeat in kleine runde Stücke schneiden, auf jeden Lebkuchen ein Stück Orangeat setzen.
In den Backofen geben.

BACKZEIT

Den Ofen vorheizen. Thermostat 6 (Heißluft 7).
15 bis 20 Minuten backen.
Der Teig muß sehr hell bleiben, oder sogar weiß (siehe Tips Seite 136).

ALS GETRÄNKE EMPFEHLEN WIR

Kaffee, Tee, Champagner, liebliche Weißweine: Gewürztraminer, Muscat, Sauternes, Coteau du Layon, Monbazillac...

Rezept von Frau Violette Kappler

MANDEL MAKRONE

MANDELMAKRONEN

Zubereitungszeit: 50 Minuten
Gewicht nach dem Backen: 600 Gramm

6 Eiweiß
250 g Zucker
350 g Mandeln

ZUBEREITUNG

Die Mandeln hacken.
Die Eiweiß und den Zucker unterrühren bei ca. 55° erhitzen (gut handwarm), danach die Masse zu steifem Schnee schlagen (siehe Tips Seite 139) .
Die Mandeln vorsichtig unterheben. Mit einer Teigspritze mit dem 10-mm-Durchmesser-Vorsatz kleine Häufchen (2,5 cm Durchmesser) auf ein gefettetes Blech setzen.
Zwei Stunden ruhen lassen.
In den Backofen geben.

BACKZEIT

Den Ofen vorheizen.
Thermostat 5 (Heißluft 6).
20 Minuten backen
(siehe Tips Seite 136).

ALS GETRÄNKE EMPFEHLEN WIR

Kaffee, Tee, Champagner, liebliche Weißweine: Gewürztraminer, Muscat, Sauternes, Coteau du Layon, Monbazillac...

Rezept von Frau Violette Kappler

MANDEL MERINGETTLE

KLEINE MANDELMERINGEN

Zubereitungszeit: 45 Minuten
Gewicht nach dem Backen: 450 Gramm

5 Eiweiß
300 g Zucker
200 g geschälte Mandeln und Mandelstifte

ZUBEREITUNG

Die Mandeln leicht rösten.
Die Eiweiß und den Zucker bei etwa 55° unter ständigem Rühren erhitzen (gut handwarm), dann die Masse zu steifem Schnee schlagen (siehe Tips Seite 139). Die abgekühlten Mandeln vorsichtig unterheben. Mit 2 Teelöffeln kleine Häufchen von 2,5 cm Durchmesser auf ein gefettetes oder mit Backpapier ausgelegtes Blech setzen.
In den Backofen geben.

BACKZEIT

Den Ofen vorheizen, Thermostat 3 (bei Heißluft 4).
90 Minuten backen. Der Teig muß sehr hell, ja sogar weiß bleiben (siehe Tips Seite 136).
Kosten Sie die Meringen, um zu sehen ob sie gut sind. Um sie gut aufbewahren zu können, sollten sie bis zum Kern trocken sein.

ALS GETRÄNKE EMPFEHLEN WIR

Kaffee, Tee, Champagner, liebliche Weißweine: Gewürztraminer, Muscat, Sauternes, Coteau du Layon, Monbazillac...

Rezept von Frau Violette Kappler

HASELNUSS MAKRONE

HASELNUSSMAKRONEN

Zubereitungszeit: 30 Minuten
Gewicht nach dem Backen: 600 Gramm

225 g Puderzucker
3 Eiweiß
100 g Kokosnuß geraspelt
300 g Haselnüsse
1 TL Zitronensaft
1 Prise Salz

ZUBEREITUNG

200 g Haselnüsse hacken, leicht anrösten.
Die Eiweiß mit dem Puderzucker und der Prise Salz bei 55° (gut handwarm) unter ständigem Rühren erhitzen, danach die Masse zu steifem Schnee schlagen (siehe Tips Seite 139).
Die Kokosnüsse, die Nüsse und den Zitronensaft vorsichtig unterheben. Mit einer Teigspritze mit dem 10-mm-Vorsatz kleine Häufchen auf ein gefettetes Blech setzen (etwa 1,5 cm Durchmesser).
Eine Haselnuß in die Mitte setzen und in den Backofen geben.

BACKZEIT

Im schwach vorgeheizten Ofen , Thermostat 4 (Heißluft 5), etwa 15 bis 18 Minuten backen. Der Teig muß außen trocken, innen aber weich sein (siehe Tips Seite136).

ALS GETRÄNKE EMPFEHLEN WIR

Kaffee, Tee, Champagner, liebliche Weißweine: Gewürztraminer, Muscat, Sauternes, Coteau du Layon, Monbazillac...

Rezept von Frau Violette Kappler

PRALIN RINGELE

PRALINENPLÄTZCHEN

Zubereitungszeit: 1 Stunde 50 Minuten
Gewicht nach dem Backen: 1200 Gramm

400 g Mehl*
200 g Zucker
3 ganze Eier
2 Eigelb
200 g Butter
1 Päckchen Vanillezucker (siehe Tips Seite 132)
200 g Haselnußpaste
1 Prise Salz
1 Päckchen Backpulver

Zubereitung

Den Zucker, den Vanillezucker, das Backpulver und das Salz unter das Mehl mischen. Die Butter dazugeben und solange kneten, bis sie ganz eingearbeitet ist. Die 3 ganzen Eier unterrühren und dann 1 Stunde im Kühlschrank kaltstellen.
Den Teig etwa 2 bis 3 mm dick ausrollen. Plätzchen und Ringe in gleicher Anzahl ausstechen. Beides mit den 2 Eigelb und etwas Milch bestreichen und backen.
Nach dem Abkühlen die Haselnußpaste mit Hilfe eines Messers auf die Plätzchen streichen und die Ringe jeweils auf die Plätzchen setzen.

BACKZEIT

Den Ofen vorheizen. Thermostat 5 (Heißluft 6).
15 Minuten backen.
Der Teig muß sehr hell bleiben (siehe Tips Seite 136).

ALS GETRÄNKE EMPFEHLEN WIR

Kaffee, Tee, Champagner, liebliche Weißweine: Gewürztraminer, Muscat, Sauternes, Coteau du Layon, Monbazillac...

Rezept von Frau Violette Kappler

*Siehe Produkt-Info Seite 11.

KOKOS MAKRONE

KOKOSMAKRONEN

Zubereitungszeit: 15 Minuten
Gewicht nach dem Backen: 400 Gramm

6 Eiweiß
150 g Zucker
200 g geraspelte Kokosnuß

ZUBEREITUNG

Die Eiweiß, den Zucker unter ständigem Rühren bei etwa 55° erhitzen (gut handwarm), dann die Masse zu steifem Schnee schlagen (siehe Tips Seite 139).
Die geraspelte Kokosnuß vorsichtig unterheben. Mit 10-mm-Vorsatz der Teigspritze mit kleine Häufchen (etwa 2,5 mm Durchmesser) auf ein gefettetes Blech setzen.
In den Backofen geben.

BACKZEIT

Den Ofen vorheizen.
Thermostat 5 (Heißluft 6).
30 Minuten backen (siehe Tips Seite 136).

ALS GETRÄNKE EMPFEHLEN WIR

Kaffee, Tee, Champagner, liebliche Weißweine: Gewürztraminer, Muscat, Sauternes, Coteau du Layon, Monbazillac...

Rezept von Frau Violette Kappler

HÄRTZ LÄBKIECHLE
LEBKUCHENHERZEN

Zubereitungszeit: 1 Stunde
Gewicht nach dem Backen: 700 Gramm

300 g Mehl*
125 g brauner Zucker
1 ganzes Ei
75 g Butter
125 g Honig
1 gehäufter TL Lebkuchengewürz
1 TL Kakaopulver
1 EL Rum
1 gehäufter TL Pottasche (Kaliumkarbonat – siehe Tips Seite 137)
100 g Schokoladenguß (siehe Tips Seite 134 und 135)

ZUBEREITUNG

Den Honig zusammen mit dem Zucker und der Butter in einem Topf schmelzen und danach abkühlen lassen. Das Mehl, die Gewürze, den Kakao und das ganze Ei dazugeben. Den Teig gut durchkneten. Die Pottasche im Rum auflösen und untermengen. Für 1 Stunde im Kühlschrank kaltstellen. Den Teig 5 mm dick ausrollen und mit einem Herzförmchen ausstechen. Die Herzchen mit einem Kuchenschieber auf ein gefettetes Backblech setzen und backen.
Abkühlen lassen. Die Schokolade schmelzen (siehe Tips Seite 134 und 135) und eine Hälfte des Herzchens bestreichen. Eine Nacht trocknen lassen. Die Schokolade kann auch durch Zuckerguß ersetzt werden.

BACKZEIT

Den Ofen vorheizen.
Thermostat 5 (Heißluft 6).
15 Minuten backen (siehe Tips Seite 136).

ALS GETRÄNKE EMPFEHLEN WIR

Kaffee, Tee, Champagner, liebliche Weißweine: Gewürztraminer, Muscat, Sauternes, Coteau du Layon, Monbazillac...

Rezept von Frau Violette Kappler

*Gruau d'Or 000

BUTTER BREDELE

BUTTERGEBÄCK

Zubereitungszeit: 30 Minuten
Gewicht nach dem Backen: 700 Gramm

300 g Mehl*
100 g Stärkemehl
200 g Zucker
200 g Butter
2 ganze Eier
2 Päckchen Vanillezucker (siehe Tips Seite 132)
50 g Orangeat (siehe Tips Seite 129)
4 bis 6 EL Milch
2 TL Backpulver

ZUBEREITUNG

Das Orangeat in kleine Würfel schneiden.
Die Butter mit dem Zucker und Vanillezucker schaumig schlagen, die Eier dazugeben und kräftig durchschlagen.
Nacheinander die Milch, das Backpulver, das Mehl und das Stärkemehl unterrühren.
Mit dem „Stern"-Einsatz der Teigspritze kleine Häufchen auf ein gefettetes Backblech setzen. In die Mitte des Häufchens einen kleinen Würfel Orangeat drücken und backen.

BACKZEIT

Den Ofen vorheizen. Thermostat 5 (Heißluft 6).
15 Minuten backen.
Der Teig muß hell bleiben (siehe Tips Seite 136).

ALS GETRÄNKE EMPFEHLEN WIR

Kaffee, Tee, Champagner, liebliche Weißweine: Gewürztraminer, Muscat, Sauternes, Coteau du Layon, Monbazillac...

Rezept von Frau Violette Kappler

*Siehe Produkt-Info Seite 11.

FLORENTINERLE
FLORENTINER

Zubereitungszeit: 1 Stunde 15 Minuten
Gewicht nach dem Backen: 1000 Gramm

80 g Mehl*
200 g Zucker
200 g Mandeln
50 g Mandeln geschält und gestiftelt
200 g kandierte Früchte gemischt (Orange, Zitrone, Engelwurz, Kirschen)
40 g Honig
200 g Sahne
200 g Zartbitterschokoladenguß (siehe Tips Seite 134 und 135)

ZUBEREITUNG
Die Mandeln hacken. Die kandierten Früchte in ganz kleine Stücke schneiden. Die gehackten Mandeln, die kandierten Früchte, die Sahne, den Zucker und den Honig in einem Topf mischen und alles zum Kochen bringen. Den Topf vom Feuer nehmen, das Mehl untermischen, dabei schnell rühren. Den Topf nochmals wenige Minuten bei kleiner Flamme auf den Herd stellen.
Mit Hilfe von 2 Teelöffeln kleine Häufchen von 2,5 cm Durchmesser auf ein gefettetes Backblech setzen und die Häufchen mit einer Gabel platt drücken. Etwa ½ Stunde ruhen lassen und dann backen.
Danach erkalten lassen.
Die Schokolade schmelzen (siehe Tips Seite 134 und 135) und die glatte Seite mit der Schokolade bestreichen. Die Schokolade etwas antrocknen lassen. Dann mit Hilfe eines Konditorkammes, eines Messers mit Zacken oder einer Gabel die Schokolade mit Wellenmuster verzieren. Eine Nacht trocknen lassen.

BACKZEIT
Den Ofen vorheizen. Thermostat 6 (Heißluft 7). 15 Minuten backen.
Die Masse muß hell bleiben (siehe Tips Seite 136).

ALS GETRÄNKE EMPFEHLEN WIR
Kaffee, Tee, Champagner, liebliche Weißweine: Gewürztraminer, Muscat, Sauternes, Coteau du Layon, Monbazillac...

Rezept von Frau Violette Kappler

*Gruau d'Or 000

ZEMT BLÄTTLE
ZIMTBLÄTTCHEN

Zubereitung: 70 Minuten
Gewicht nach dem Backen: 1100 g

550 g Zucker
6 Eiweiß
300 g Mandeln
250 g Haselnüsse
2 TL gemahlener Zimt

ZUBEREITUNG

Die Mandeln und die Nüsse hacken.
Die Eiweiß mit 370 g Zucker bei 55° (gut handwarm) unter ständigem Rühren erhitzen, danach solange schlagen, bis der Eischnee sehr steif und glänzend wird (siehe Tips Seite 139).
Die Mandeln, die Nüsse und den Zimt vorsichtig unterheben. Die Masse etwa 3 - 4 Stunden in den Kühlschrank stellen.
Den Teig auf der mit Puderzucker bestäubten Arbeitsplatte etwa 4 mm dick ausrollen, ausstechen und auf ein gefettetes Backblech setzen. Die restlichen Eiweiß mit dem Rest Zucker zu steifem Schnee schlagen, in eine Teigspritze (mit dem "Stern"-Einsatz) geben und die Plätzchen, die vorher mit Milch bestrichen wurden, damit verzieren. In den Backofen geben.

BACKZEIT

Den Ofen vorheizen. Thermostat 5 (Heißluft 6).
15 Minuten backen (siehe Tips Seite 136).

ALS GETRÄNKE EMPFEHLEN WIR

Kaffee, Tee, Champagner, liebliche Weißweine: Gewürztraminer, Muscat, Sauternes, Coteau du Layon, Monbazillac...

Rezept von Frau Violette Kappler

SPRENGERLE
ANISPLÄTZCHEN

Zubereitungszeit: 30 Minuten
Gewicht nach dem Backen: 1100 Gramm

500 g Mehl*
500 g Zucker
4 ganze Eier
Schale von 1 Zitrone
1 Messerspitze Backpulver
1 Prise Salz
3 EL gehäuft mit Aniskörner

ZUBEREITUNG
Die Eier und den Zucker schaumig schlagen.
Die Zitronenschale, das Salz , 2/3 der Aniskörner und das Backpulver dazugeben.
Dann das Mehl unterrühren, die Masse gut durchkneten und 2 Stunden mit einem Tuch abgedeckt kühlstellen.
Den Teig etwa 6 bis 8 mm dick ausrollen, die Holzmodel mit Mehl ausstäuben, die Model in die Teigplatte drücken. Diesen Vorgang wiederholen, bis die ganze Teigplatte mit den Motiven bedeckt ist, dann die Motive ausschneiden. Die Teigstücke auf ein gefettetes und mit Anis ausgestreutes Backblech setzen.
Eine Nacht bei Raumtemperatur in einem Raum ohne Luftzug trocknen lassen, dann backen.

BACKZEIT
Den Ofen vorheizen. Thermostat 6 (Heißluft 7).
12 Minuten backen (siehe Tips Seite 136).

ALS GETRÄNKE EMPFEHLEN WIR
Kaffee, Tee, Champagner, liebliche Weißweine: Gewürztraminer, Muscat, Sauternes, Coteau du Layon, Monbazillac...

Rezept von Frau Violette Kappler

*Siehe Produkt-Info Seite 11.

BUTTER GALETTLE
ENGLISCHE BUTTERPLÄTZCHEN

Zubereitungszeit: 30 Minuten
Gewicht nach dem Backen: 950 Gramm

300 g Mehl*
200 g Zucker
200 g Butter
200 g Mandeln
4 Eigelb
75 g Korinthen
1 TL Zimt
200 g Puderzucker
1 kleines Schnapsglas Mirabellen- oder Zwetschgenwasser

ZUBEREITUNG

Die Mandeln hacken.
Mehl, Zucker und Zimt vermischen. Die Butter dazugeben und so lange kneten, bis sich alles gut miteinander verbunden hat. Die Mandeln, Korinthen und die Eigelb dazugeben und noch einmal durchkneten.
Eine Nacht in den Kühlschrank stellen.
Den Teig etwa 4 mm dick ausrollen, dann mit einem runden Ausstecher (etwa 3 cm Durchmesser) Plätzchen ausstechen, auf ein gefettetes Backblech setzen und backen.
Den Puderzucker mit dem Schnaps mischen. Die Plätzchen nach dem Backen auskühlen lassen und mit der Zuckermischung bestreichen.

BACKZEIT

Den Ofen vorheizen. Thermostat 6 (Heißluft 7).
15 Minuten backen (siehe Tips Seite 136).

ALS GETRÄNKE EMPFEHLEN WIR

Kaffee, Tee, Champagner, liebliche Weißweine: Gewürztraminer, Muscat, Sauternes, Coteau du Layon, Monbazillac...

Rezept von Frau Lucie Filosi.

*Gruau d'Or 000

GEZIERDI FRECHTLE
VERKLEIDETE FRÜCHTE

Zubereitungszeit: 1 Stunde 15 Minuten
Gewicht: 1100 Gramm

200 g Marzipanrohmasse weiß
200 g Marzipanrohmasse grün
200 g Marzipanrohmasse rose
250 g Datteln
250 g frische Walnußkerne
150 g Mandeln
100 g Zucker
1 Schnapsglas Kirschwasser

ZUBEREITUNG

Die Mandeln mit kochendem Wasser übergießen und schälen, dann leicht anrösten.
Die Datteln entkernen.
Die Marzipanrohmasse in 1,5 cm große Würfel schneiden und zu kleinen Zylinder formen. Im Zucker wenden. In jede Dattel eine Marzipankugel geben. Den Schnaps in einen flachen Teller gießen, dazu die Nüsse und die Mandeln. (Damit zum einen das ganze aromatisiert, zum anderen halten die getrockneten Früchte besser auf der Marzipanmasse.)
Dann jeweils zwischen zwei Walnußhälften und zwei halben Mandelkerne die restliche Marzipanmasse drücken.

ALS GETRÄNKE EMPFEHLEN WIR

Kaffee, Tee, Champagner, liebliche Weißweine: Gewürztraminer, Muscat, Sauternes, Coteau du Layon, Monbazillac...

Rezept von Frau Violette Kappler

SCHOKOLA WURST

SCHOKOLADENWÜRSTE

Zubereitungszeit: 45 Minuten
Gewicht: 1300 Gramm

500 g Mandeln
400 g Zartbitterschokolade
240 g Puderzucker
100 g Zucker
2 ganze Eier oder 100 g Sahne
100 g Zitronat (siehe Tips Seite 129)

ZUBEREITUNG

Das Zitronat in ganz kleine Stücke schneiden. 400 g Mandeln hacken.
Die restlichen 100 g Mandeln schälen und grob hacken. Die Eier mit dem Puderzucker schaumig schlagen.
Die Schokolade mit etwas Milch in einem Topf schmelzen lassen. Den Topf vom Herd nehmen und die Eiermasse dazugeben. Auf kleiner Flamme nochmals aufwärmen.
Die gehackten und geschälten Mandeln sowie das Zitronat einrühren.
Die so vorbereitete Masse auf die Arbeitsplatte geben und mit einem Spatel bearbeiten, damit sie abkühlt und der Teig geformt werden kann. Kleine Quadrate schneiden und diese zu Rollen formen, etwa 2,5 cm Durchmesser, dann im Zucker wenden und in den Kühlschrank stellen. Danach werden von der Rolle 5 mm dicke Scheiben abgeschnitten.

TIP

Zum besseren Aufbewahren können die Eier durch Sahne ersetzt werden, obwohl das Originalrezept mit Eiern hergestellt wird. Um ein Austrocknen zu verhindern, sollten die Würste erst unmittelbar vor dem Verzehr in Scheiben geschnitten werden.

ALS GETRÄNKE EMPFEHLEN WIR

Kaffee, Tee, Champagner, liebliche Weißweine: Gewürztraminer, Muscat, Sauternes, Coteau du Layon, Monbazillac...

Rezept von Frau Violette Kappler

SCHOKOLA KERSCHLE

SCHNAPSKIRSCHEN

Zubereitungszeit: 2 Stunden
Gewicht: 550 Gramm

250 g Bitterschokolade (siehe Tips Seite 134)
75 g Butter
50 g Sahne
4 kleine Schnapsgläser Kirschwasser
50 g Schokoladenstreusel
50 nicht entsteinte, in Schnaps eingelegte Sauerkirschen (siehe Tips Seite 131)
50 Aluminiumschälchen vergoldet, 1,5 cm Durchmesser

ZUBEREITUNG

Die Schokolade mit der Sahne und der Butter auf kleiner Flamme in einem Topf schmelzen. Die Masse darf nicht kochen. Den Alkohol langsam untermischen, dann abkühlen lassen. In der Zwischenzeit können die Kirschen abtropfen.
Die Schälchen auf die Arbeitsplatte stellen. Mit einer Teigspritze den Boden der Schälchen mit der Schokoladenmischung füllen und je eine Kirsche eindrücken. Danach mit der restlichen Schokoladenmischung auffüllen. Mit Schokoladenstreusel bestreuen. Kühl stellen.

ALS GETRÄNKE EMPFEHLEN WIR

Kaffee, Süßwein: Banyuls, Maury ...

Rezept von Frau Violette Kappler

SCHOKOLA TRUFFLE
SCHOKOLADENTRÜFFEL

Zubereitungszeit: 1 Stunde
Gewicht: 1000 Gramm

500 g Bitterschokolade (siehe Tips Seite 134)
150 g Butter
100 g Sahne
2 kleine Schnapsgläser Kirschwasser
250 g Schokoladenstreusel

ZUBEREITUNG

Die Schokolade mit der Butter und der Sahne auf kleiner Flamme langsam schmelzen lassen. Die Masse darf auf keinen Fall kochen. Den Alkohol vorsichtig untermischen, leicht abkühlen lassen.

Die Masse in eine Teigspritze mit 8-mm-Vorsatz geben und auf einem mit Aluminiumfolie bedeckten Brett Kugeln von 2 cm Durchmesser formen. Die Kugeln kühl stellen, damit sie sich verfestigen.

Die Schokoladenstreusel in einen Teller geben und die Kugeln darin mit einem Spatel wälzen. Nochmals kühl stellen.

ALS GETRÄNKE EMPFEHLEN WIR

Kaffee, Süßwein: Banyuls, Maury ...

Rezept von Frau Violette Kappler

BEREWECKE
FRÜCHTEBROT

Zubereitungszeit: 2 Stunden
Gewicht nach dem Backen: 3600 Gramm

200 g Mischung aus Haselnüssen, Mandeln und Walnüssen
2000 g Mischung aus getrockneten Früchten: Zwetschgen, Äpfel, Feigen, Aprikosen, Birnen (siehe Tips Seite 130)
250 g Sultaninen
400 g Mehl*
100 g Orangeat und Zitronat gemischt (siehe Tips Seite 129)
1 große Tasse Biskuitbrösel
1 Tasse Konfitüre aus roten Früchten
3 Sternanisblüten
3 kleine Schnapsgläser Kirschwasser
25 g Stärkemehl

ZUBEREITUNG

Die Birnen, Feigen, Äpfel, Aprikosen und Zwetschgen in ganz kleine Stücke schneiden, ebenso das Orangeat und das Zitronat. Die Anisblüten zerkleinern, die Sultaninen, Mandeln, Haselnüsse und Nüsse beifügen. Danach die Biskuitbrösel, man kann auch Kuchenreste verwenden, die Marmelade, den Schnaps und das Mehl dazugeben. Kleine Brote von 4 bis 5 cm Durschmesser und 15 cm Länge formen. In den Backofen geben.

Das Stärkemehl rösten mit ¼ l Wasser verrühren, zum Kochen bringen und kurz aufkochen lassen. Wenn die Brote gebacken sind, mit der Mischung bestreichen. Die Brote mit geschälten Mandeln, Nußkernen oder kandierten Früchten garnieren.

BACKZEIT

Den Ofen vorheizen. Thermostat 7 (Heißluft 8).
30 Minuten backen (siehe Tips Seite 136).

ALS GETRÄNKE EMPFEHLEN WIR

Likör: Muscat de Samos (Griechenland)

Rezept von Frau Violette Kappler

*Siehe Produkt-Info Seite 11.

SPRETZ BREDELE

SANDGEBÄCK

(Abwandlung des Rezepts Seite 23)

Zubereitungszeit: 30 Minuten
Gewicht nach dem Backen: 550 Gramm

250 g Mehl*
75 g Zucker
150 g Butter
1 ganzes Ei
75 g Mandeln
50 g kandierte Früchte gemischt (Kirschen und Engelwurz)

ZUBEREITUNG

Die Mandeln fein hacken.
Die kandierten Früchte in kleine Stückchen schneiden.
Die Butter schaumig schlagen, dazu den Zucker, das Ei, das Mehl und die Mandeln geben und solange rühren bis die Masse gut vermischt ist.
Mit der Spitztülle der Teigspritze kleine Buchstaben wie S, I, O, C auf ein gefettetes Backblech spritzen, sowie auch kleine Häufchen formen. In die Mitte der Häufchen je einen Würfel der kandierten Früchte setzen und backen.

BACKZEIT

Den Ofen vorheizen.
Thermostat 7 (Heißluft 8).
10 Minuten backen (siehe Tips Seite 136).

ALS GETRÄNKE EMPFEHLEN WIR

Kaffee, Tee, Champagner, liebliche Weißweine: Gewürztraminer, Muscat, Sauternes, Coteau du Layon, Monbazillac...

Rezept von Frau Lucie Filosi.

*Gruau d'Or 000

HERNELE

HUFEISEN

Zubereitungszeit: 30 Minuten
Gewicht nach dem Backen: 1150 Gramm

400 g Mehl*
300 g Zucker
250 g Butter
170 g Mandeln oder Haselnüsse
6 Päckchen Vanillezucker (siehe Seite 132)

ZUBEREITUNG

Die Mandeln oder Haselnüsse hacken.
Das Mehl sieben und mit 150 g Zucker, den gemahlenen Mandeln und 1 Päckchen Vanillezucker mischen.
Die weiche Butter in kleinen Stückchen dazugeben und rasch gut durchkneten. Aus dem Teig kleine Rollen von etwa 1 cm Durchmesser und 5 cm Länge formen. Daraus Hufeisen bilden und auf ein gefettetes Backblech setzen und backen.
Die 5 Päckchen Vanillezucker mit den restlichen 150 g Zucker mischen, die Hufeisen sofort nach dem Backen darin wenden..

BACKZEIT

Den Ofen vorheizen. Thermostat 6 (Heißluft 7).
15 Minuten backen.
Der Teig muß hell bleiben (siehe Tips Seite 136).

ALS GETRÄNKE EMPFEHLEN WIR

Kaffee, Tee, Champagner, liebliche Weißweine: Gewürztraminer, Muscat, Sauternes, Coteau du Layon, Monbazillac...

Rezept von Frau Lucie Filosi.

*Siehe Produkt-Info Seite 11.

HASELNUSS BLATTLE

HASELNUSSRAUTEN

Zubereitungszeit: 30 Minuten
Gewicht nach dem Backen: 550 Gramm

250 g Zucker
250 g Haselnüsse
2 ganze Eier
125 g Puderzucker

ZUBEREITUNG

Die Nüsse hacken. Ein Ei trennen.
Den Zucker, ein ganzes Ei, das Eigelb und die Nüsse rühren, bis ein fester Teig entsteht.
Die Arbeitsfläche mit Puderzucker bestäuben und den Teig etwa 4 mm dick ausrollen. Das Eiweiß und den Puderzucker zu sehr steifem Schnee schlagen. Den Eischnee mit einem Spatel aus Metall gleichmäßig auf die Teigplatte streichen. 3 cm lange Streifen schneiden. Danach in Rauten mit 3 cm Länge schneiden, auf ein gefettetes Backblech setzen und backen.

BACKZEIT

Den Ofen vorheizen.
Thermostat 5 (Heißluft 6).
25 Minuten backen (siehe Tips Seite 136).

ALS GETRÄNKE EMPFEHLEN WIR

Kaffee, Tee, Champagner, liebliche Weißweine: Gewürztraminer, Muscat, Sauternes, Coteau du Layon, Monbazillac...

Rezept von Frau Lucie Filosi.

VANILLE BREDELE
VANILLEGEBÄCK

Zubereitungszeit: 30 Minuten
Gewicht nach dem Backen: 1100 Gramm

500 g Mehl*
150 g Zucker
250 g Butter
125 g Sahne
5 Eigelb
1 Päckchen Backpulver
4 Päckchen Vanillezucker (siehe Tips Seite 132)
100 g Mandeln

ZUBEREITUNG
Die Mandeln sehr fein hacken.
Das Mehl sieben und mit dem Zucker, mit einem Päckchen Vanillezucker mischen. Die Butter in kleinen Stückchen dazugeben und gut durchkneten. Zuerst die 4 Eigelb, dann die Sahne untermischen bis ein glatter Teig entsteht. 2 bis 3 Stunden im Kühlschrank ruhen lassen.
Den Teig in kleinen Partien dem Kühlschrank entnehmen und etwa 3 mm dick ausrollen. Verschiedene Formen ausstechen und auf ein gefettetes Backblech setzen. Mit dem Eigelb bestreichen, mit den Mandeln und dem restlichen Vanillezucker bestreuen und backen.

BACKZEIT
Den Ofen vorheizen. Thermostat 5/6 (Heißluft 6/7).
15 Minuten backen (siehe Tips Seite 136).

ALS GETRÄNKE EMPFEHLEN WIR
Kaffee, Tee, Champagner, liebliche Weißweine: Gewürztraminer, Muscat, Sauternes, Coteau du Layon, Monbazillac...

Rezept von Frau Lucie Filosi.

*Gruau d'Or 000

GEFELDI MAKRONE
ELSÄSSISCHE MAKRONEN

Zubereitungszeit: 30 Minuten
Gewicht nach dem Backen: 900 Gramm

120 g Mehl*
250 g Zucker
100 g Puderzucker
150 g Butter
250 g Haselnüsse
8 Eiweiß
2 Eigelb
100 g Bitterschokolade
2 EL Schnaps (Mirabellen- oder Zwetschgenwasser)

ZUBEREITUNG

Die Haselnüsse hacken. 100 g Butter schaumig rühren.
Die 8 Eiweiß und 250 g Zucker vermischen und zu festem Schnee schlagen.
Die Nüsse und das Mehl vorsichtig unterheben. Zum Schluß die weiche Butter untermischen.
Mit dem 10-mm-Vorsatz der Teigspritze kleine Häufchen auf ein gefettetes Backblech spritzen und diese backen.
Die Schokolade mit den restlichen 50 g Butter im Wasserbad schmelzen. Vom Herd nehmen, die Eigelb nacheinander unterrühren, dann den Puderzucker beimischen, zum Schluß den Schnaps vorsichtig in die Masse einrühren. (Um die Makronen besser aufbewahren zu können, können die 2 Eigelb durch 50 g Sahne ersetzt werden. Im Originalrezept sind aber Eigelb vorgesehen).
Nach dem Backen abkühlen lassen, dann mit einer dünnen Schicht der Schokoladenmasse überziehen und immer zwei Makronen zusammensetzen.

BACKZEIT

Den Ofen vorheizen. Thermostat 7/8 (Heißluft 8/9).
10 bis 12 Minuten backen (siehe Tips Seite 136).

ALS GETRÄNKE EMPFEHLEN WIR

Kaffee, Tee, Champagner, liebliche Weißweine: Gewürztraminer, Muscat, Sauternes, Coteau du Layon, Monbazillac...

Rezept von Frau Lucie Filosi.

*Siehe Produkt-Info Seite 11.

RHUM BREDELE

RUMGEBÄCK

Zubereitungszeit: 20 Minuten
Gewicht nach dem Backen: 500 Gramm

175 g Mehl*
125 g Zucker
150 g Puderzucker
100 g Butter
3 Eigelb
½ gestrichener TL Backpulver
50 g Sultaninen
4 EL Rum

ZUBEREITUNG

Die Butter und den Zucker solange schaumig schlagen bis die Masse weiß wird. Die Eigelb nach und nach zugeben, dann das Mehl, das Backpulver und die Sultaninen untermischen. Mit 2 Teelöffeln kleine Häufchen von etwa 1 cm Durchmesser auf ein gefettetes Backblech setzen und backen.
Den Rum mit dem Puderzucker mischen.
Das Gebäck nach dem Backen abkühlen lassen, mit der Zuckermischung bestreichen und eine Nacht ruhen lassen.

BACKZEIT

Den Ofen vorheizen. Thermostat 5 (Heißluft 6).
15 Minuten backen (siehe Tips Seite 136).

ALS GETRÄNKE EMPFEHLEN WIR

Kaffee, Tee, Champagner, liebliche Weißweine: Gewürztraminer, Muscat, Sauternes, Coteau du Layon, Monbazillac...

Rezept von Frau Lucie Filosi.

*Gruau d'Or 000

PUMPERNICKEL
MANDELGEBÄCK

Zubereitungszeit: 15 Minuten
Gewicht nach dem Backen: 750 Gramm

400 g Mehl*
300 g Zucker
150 g Mandelstifte
3 ganze Eier
1 Eigelb
1 gehäufter TL gemahlener Zimt

ZUBEREITUNG

Die Eier mit dem Zucker schaumig schlagen.
Den Zimt, die Mandeln und das Mehl untermischen.
Den Teig gut durchkneten.
In 4 gleichmäßige Stücke teilen.
Aus jedem Stück eine Rolle von etwa 2 cm Durchmesser formen.
Die Rollen auf ein gefettetes Backblech legen und mit dem Eigelb, das mit etwas Milch gemischt wurde, bestreichen.
Die Rollen backen.
Nachdem die Rollen leicht abgekühlt sind, kleine Scheiben von etwa 5 mm Dicke schneiden.

BACKZEIT

Den Ofen vorheizen. Thermostat 6/7 (Heißluft 7/8).
15 Minuten backen (siehe Tips Seite 136).

ALS GETRÄNKE EMPFEHLEN WIR

Kaffee, Tee, Champagner, liebliche Weißweine: Gewürztraminer, Muscat, Sauternes, Coteau du Layon, Monbazillac...

Rezept von Frau Lucie Filosi.

*Siehe Produkt-Info Seite 11.

SPETZBUEWE
MARMELADENRINGE

Zubereitungszeit: 1 Stunde
Gewicht nach dem Backen: 650 Gramm

250 g Mehl*
100 g Zucker
80 g Haselnüsse
150 g Butter
1 ganzes Ei
1 Päckchen Vanillezucker (siehe Tips Seite 132)
1 gestrichener TL Backpulver
1 bis 2 EL Milch
1 kleine Tasse Gelee von roten Früchten

ZUBEREITUNG

Die Haselnüsse hacken. Das Mehl sieben, mit dem Backpulver, dem Zucker und dem Vanillezucker mischen. Die weiche Butter in kleinen Stückchen dazugeben. Das ganze gut durchkneten. Die Milch, das Ei und schließlich die Haselnüsse hinzufügen. Gut durcharbeiten bis ein glatter Teig entsteht.
Den Teig etwa 3 - 4 mm dick ausrollen, mit einem Ausstecher mit etwa 4 cm Durchmesser Kreise ausstechen und auf ein gefettetes Backblech setzen.
In die Hälfte der Kreise in der Mitte mit einem Ausstecher von 1 cm Durchmesser noch drei Löcher ausstechen. Backen.
Nach dem Backen auskühlen. Die Kreise mit den 3 Löchern mit Puderzucker bestreuen. Auf die ganzen Kreise Marmelade streichen und die Kreise mit den Löchern daraufsetzen, leicht andrücken.

BACKZEIT

Den Ofen vorheizen. Thermostat 7 (Heißluft 8).
15 Minuten backen (siehe Tips Seite 136).

ALS GETRÄNKE EMPFEHLEN WIR

Kaffee, Tee, Champagner, liebliche Weißweine: Gewürztraminer, Muscat, Sauternes, Coteau du Layon, Monbazillac...

Rezept von Frau Lucie Filosi.

*Gruau d'Or 000

SCHOKOLA RINGELE

SCHOKOLADENRINGE

Zubereitungszeit: 60 Minuten
Gewicht nach dem Backen: 650 Gramm

250 g Mehl*
100 g Zucker
125 g Puderzucker
100 g Butter
1 ganzes Ei
1 Eiweiß
60 g dunkle Schokolade (Halbbitter)
60 g Mandeln
20 g Kakao
1 TL Backpulver
1 Päckchen Vanillezucker (siehe Tips Seite 132)

ZUBEREITUNG

Die Mandeln hacken.
Das Mehl sieben, mit dem Zucker, dem Vanillezucker, dem Backpulver, dem Kakao, den Mandeln und dem ganzen Ei mischen.
Die Schokolade mit der Butter im Wasserbad schmelzen. Diese Mischung zu der ersten Mischung geben, gut vermengen. Den Teig 4 mm dick ausrollen und mit einem Ausstecher von 3 cm Durchmesser, Kreise ausstechen und auf ein gefettetes Backblech setzen. Mit einem Ausstecher von 1 cm Durchmesser die Mitte jedes Kreises ausstechen.
Das Eiweiß und den Puderzucker zu Schnee schlagen. Mit einem Messer jeden Ring mit dem Eischnee bestreichen und backen.

BACKZEIT

Den Ofen vorheizen. Thermostat 5 (Heißluft 6).
15 Minuten backen (siehe Tips Seite 136).

ALS GETRÄNKE EMPFEHLEN WIR

Kaffee, Tee, Champagner, liebliche Weißweine: Gewürztraminer, Muscat, Sauternes, Coteau du Layon, Monbazillac...

Rezept von Frau Lucie Filosi.

*Siehe Produkt-Info Seite 11.

GLEIE BREDELE

NUSSMAKRONEN AUF BUTTERPLÄTZCHEN

Zubereitungszeit: 30 Minuten
Gewicht nach dem Backen: 2000 Gramm

1000 g Mehl*
650 g Zucker
6 ganze Eier
375 g Butter
400 g Nüsse

ZUBEREITUNG

Die Nüsse hacken. Die Eier trennen.
Die Butter mit 250 g Zucker schaumig schlagen, bis die Masse weiß wird. Die 6 Eigelb unter ständigem Schlagen einrühren. Dann das Mehl einarbeiten.
Die 6 Eiweiß mit 400 g Zucker im Wasserbad zu festem Schnee schlagen (siehe Tips Seite 139). Die gehackten Nüsse vorsichtig unterheben.
Den Teig etwa 5 mm dick ausrollen, dann mit einem Ausstecher von 2 cm Durchmesser Kreise ausstechen und auf ein gefettetes Backblech setzen.
Mit einer Teigspritze mit 10-mm-Vorsatz ein Häufchen der Nußmischung auf jeden Kreis spritzen.
In den Backofen schieben.

BACKZEIT

Den Ofen vorheizen. Thermostat 6 (Heißluft 7).
15 bis 20 Minuten backen (siehe Tips Seite 136).

ALS GETRÄNKE EMPFEHLEN WIR

Kaffee, Tee, Champagner, liebliche Weißweine: Gewürztraminer, Muscat, Sauternes, Coteau du Layon, Monbazillac...

Rezepte von Frau Lucie Filosi.

*Gruau d'Or 000

HASELNUSS MAKRONE

HASELNUSSMAKRONEN

(Abwandlung des Rezeptes von Seite 41)

Zubereitungszeit: 25 Minuten
Gewicht nach dem Backen: 350 Gramm

180 g ganze Haselnüsse
180 g Zucker
2 Eiweiß

ZUBEREITUNG

Die Haselnüsse in 2 Stücke schneiden und mit etwas Butter und Zucker anrösten. Die Eiweiß mit dem Zucker im Wasserbad zu sehr steifem Schnee schlagen. (siehe Tips Seite 139).
Die Haselnüsse vorsichtig untermengen. Mit 2 TL kleine Häufchen, mit etwa 2,5 cm Durchmesser, auf ein gefettetes Backblech setzen. In den Backofen geben.

BACKZEIT

Den Ofen vorheizen. Thermostat 1/2 (Heißluft 2/3).
75 Minuten backen. Es ist eher ein Trocknen als ein Backen (siehe Tips Seite 136).

ALS GETRÄNKE EMPFEHLEN WIR

Kaffee, Tee, Champagner, liebliche Weißweine: Gewürztraminer, Muscat, Sauternes, Coteau du Layon, Monbazillac...

Rezept von Frau Lucie Filosi

MANDEL MAKRONE

MANDELMERINGEN

Zubereitungszeit: 25 Minuten
Gewicht nach dem Backen: 350 Gramm

180 g ganze Mandeln
180 g Zucker
2 Eiweiß

ZUBEREITUNG

Die Mandeln der Länge nach in Stifte schneiden und leicht rösten.
Die Eiweiß mit dem Zucker im Wasserbad zu sehr steifem Schnee schlagen (siehe Tips Seite 139). Die Mandeln vorsichtig untermischen.
Mit zwei Teelöffeln kleine Häufchen von 2,5 mm Durchmesser auf ein gefettetes Backblech setzen. In den Backofen geben.

BACKZEIT

Den Ofen vorheizen. Thermostat 1/2 (Heißluft 2/3).
75 Minuten backen. Es ist eher ein Trocknen als ein Backen
(siehe Tips Seite 136).

ALS GETRÄNKE EMPFEHLEN WIR

Kaffee, Tee, Champagner, liebliche Weißweine: Gewürztraminer, Muscat, Sauternes, Coteau du Layon, Monbazillac...

Rezept von Frau Lucie Filosi.

KOKOS MAKRONE

KOKOSNUSSMERINGEN

(Abwandlung des Rezeptes von Seite 45)

Zubereitungszeit: 25 Minuten
Gewicht nach dem Backen: 250 Gramm

125 g Kokosnuß geraspelt
125 g Zucker
2 Eiweiß
1 Päckchen Vanillezucker (siehe Tips Seite 132)

ZUBEREITUNG

Die Eiweiß mit dem Zucker und dem Vanillezucker im Wasserbad zu sehr steifem Schnee schlagen (siehe Tips Seite 139).
Die geraspelte Kokosnuß vorsichtig unterheben. Mit 2 Kaffeelöffeln kleine Häufchen von 2,5 cm Durchmesser auf ein gefettetes Backblech setzen. In den Backofen geben.

BACKZEIT

Den Ofen vorheizen. Thermostat 1/2 (Heißluft 2/3).
75 Minuten backen. Es ist eher ein Trocknen als ein Backen (siehe Tips Seite 136).

ALS GETRÄNKE EMPFEHLEN WIR

Kaffee, Tee, Champagner, liebliche Weißweine: Gewürztraminer, Muscat, Sauternes, Coteau du Layon, Monbazillac...

Rezept von Frau Lucie Filosi.

SCHWOWE BREDELE

SCHWÄBISCHE PLÄTZCHEN

(Abwandlung des Rezeptes von Seite 33)

Zubereitungszeit: 45 Minuten
Gewicht nach dem Backen: 1200 Gramm

500 g Mehl*
250 g Zucker
270 g Butter
150 g Mandeln
2 ganze Eier
1 Eigelb
1 Päckchen Vanillezucker (siehe Tips Seite 132)
2 gehäufter TL gemahlener Zimt

ZUBEREITUNG

Die Mandeln hacken. Die Butter weich werden lassen.
In eine große Schüssel die weiche Butter in kleine Stückchen schneiden. Den Zucker, den Vanillezucker, den Zimt, die Mandeln und die Eier dazugeben und sorgfältig mischen.
Das Mehl sieben so daß ein Trichter entsteht, die obige Masse hineingeben und kneten, bis ein fester gleichmäßiger Teig entsteht. Für 2 bis 3 Stunden in den Kühlschrank stellen.
Danach den Teig etwa 3 mm dick ausrollen, verschiedene Motive ausstechen und auf ein gefettetes Backblech setzen. Das Eigelb mit etwas Milch mischen, die Plätzchen damit bestreichen und backen.

BACKZEIT

Den Ofen vorheizen. Thermostat 5/6 (Heißluft 6/7).
15 Minuten backen (siehe Tips Seite 136).

ALS GETRÄNKE EMPFEHLEN WIR

Kaffee, Tee, Champagner, liebliche Weißweine: Gewürztraminer, Muscat, Sauternes, Coteau du Layon, Monbazillac...

Rezept von Frau Lucie Filosi

*Siehe Produkt-Info Seite 11.

ANIS BREDELE

ANISPLÄTZCHEN

(Abwandlung des Rezeptes von Seite 13)

Zubereitungszeit: 30 Minuten
Gewicht nach dem Backen: 1000 Gramm

600 g Mehl*
500 g Zucker
6 ganze Eier
3 Päckchen Vanillezucker (siehe Tips Seite 132)
30 g Aniskörner

ZUBEREITUNG

Die Eier mit dem Zucker und dem Vanillezucker 20 Minuten schlagen, bis die Masse schaumig wird und als Band vom Schneebesen fällt.
Den Anis und das Mehl dazugeben und vorsichtig mischen. Das Blech fetten und mit Mehl bestreuen. Mit einer Teigspritze mit 8-mm-Vorsatz kleine Häufchen von ca. 2 cm Durchmesser auf ein gefettetes Backblech spritzen.
Eine Nacht bei Raumtemperatur in einem Raum ohne Luftzug trocknen lassen und dann in den Backofen geben.

BACKZEIT

Den Ofen vorheizen. Thermostat 6 (Heißluft 7).
10 Minuten backen (siehe Tips Seite 136).

ALS GETRÄNKE EMPFEHLEN WIR

Kaffee, Tee, Champagner, liebliche Weißweine: Gewürztraminer, Muscat, Sauternes, Coteau du Layon, Monbazillac...

Rezept von Frau Lucie Filosi.

*Gruau d'Or 000

NUSS MAKRONE
NUSSMERINGEN

Zubereitungszeit: 25 Minuten
Gewicht nach dem Backen: 750 Gramm

450 g Nüsse
450 g Zucker
6 Eiweiß

ZUBEREITUNG
Die Nüsse hacken.
Die Eiweiß und den Zucker im Wasserbad zu sehr steifem Schnee schlagen.
(siehe Tips Seite 139).
Die Nüsse vorsichtig untermischen.
Mit dem 10-mm-Einsatz der Teigspritze kleine Häufchen von 2,5 cm Durchmesser auf ein gefettetes Backblech spritzen und in den Backofen geben.

BACKZEIT
Den Ofen vorheizen. Thermostat 1/2 (Heißluft 2/3).
75 Minuten backen. Es ist eher ein Trocknen als ein Backen
(siehe Tips Seite 136).

ALS GETRÄNKE EMPFEHLEN WIR
Kaffee, Tee, Champagner, liebliche Weißweine: Gewürztraminer, Muscat, Sauternes, Coteau du Layon, Monbazillac...

Rezept von Frau Lucie Filosi.

GEBLEDERDI NUSS BREDELE
NUSSBLÄTTERTEIGGEBÄCK

Zubereitungszeit: 30 Minuten
Gewicht nach dem Backen: 750 Gramm

250 g Mehl*
180 g Zucker
250 g Butter
180 g Nüsse
2 ganze Eier
1 Eigelb
1 Glas trockenen Weißwein
1 Prise Salz

ZUBEREITUNG

Die Nüsse hacken. Die 2 ganzen Eier trennen.
Die Herstellung dieses Blätterteigs erfolgt in 6 Schritten. Zwischen jeder Stufe muß der Teig 20 bis 30 Minuten im Kühlschrank ruhen.
Das Mehl mit 2 Eigelb, dem Salz und dem Wein mischen. Kneten bis Sie einen glatten, elastischen und festen Teig erhalten.
Den Teig etwa 1 cm dick zu einem Rechteck ausrollen. Die kalte Butter in kleine Stücke schneiden und in die Mitte des ausgerollten Teigs geben. Die kurzen Seiten des Teigblattes über der Butter zusammenlegen. Dann den Teig wiederum zu einem Rechteck ausrollen. Den Teig in drei Schichten wie vorher beschrieben übereinanderschlagen. 20 bis 30 Minuten kühlstellen.

Sie haben soeben den ersten Schritt abgeschlossen.

Rezept von Frau Lucie Filosi.

*Siehe Produkt-Info Seite 11.

Recommencez cette même opération 5 fois encore, en inversant le sens d'étalage de la pâte et en la plaçant au frais entre chaque phase.
Lorsque toutes ces opérations sont terminées, étalez la pâte en une abaisse de 5 millimètres d'épaisseur.
A l'aide d'un emporte-pièce circulaire de 3 à 4 centimètres de diamètre, découpez la pâte et déposez les pièces ainsi obtenues sur des tôles beurrées.
Laissez-les reposer environ 30 minutes. Dorez-les avec le jaune d'œuf restant mélangé à un peu de lait.
Battez au bain-marie en neige très ferme les 2 blancs d'œufs restants avec le sucre semoule. (voir Astuces page 139)
Incorporez délicatement les noix hachées.
A l'aide d'une poche avec douille de 10 millimètres, déposez sur le centre des pièces de pâte feuilletée, un petit dôme de préparation aux noix.
Enfournez.

CUISSON

Four chaud. Thermostat 6, (sur chaleur tournante: thermostat 7), pendant 15 minutes. (voir Astuces page 136)

ESCORTE

Café, thé. Champagne. Vin blanc moelleux: Gewurztraminer, Muscat, Sauternes, Coteau du Layon, Monbazillac ...

Recette communiquée par Mme Lucie Filosi.

KUCHEN UND DESSERTS

KRESCHT STOLLE

Christstollen

Zubereitungszeit: 1 Stunde
Gewicht nach dem Backen: 1350 Gramm (2 Stück)

1200 g Mehl*, 200 g Zucker, 3 ganze Eier, 250 g Butter, 50 g frische Hefe, 200 g Mandeln, 100 g Haselnüsse, 100 g Rosinen, 100 g Orangeat und Zitronat gemischt (siehe Tips Seite 129), Schale von 1 Zitrone, 2 gehäufter TL Salz, 1/2 TL Zimt gemahlen, 250 g Milch, 2 Schnapsgläser Zwetschgenwasser.

Zubereitung

Die Mandeln hacken. Die Haselnüsse hacken und rösten. Die Rosinen im Schnaps einweichen. 125 ml Milch lauwarm erwärmen und in eine Schüssel gießen.
Die Hefe in der Milch auflösen, 150 g Mehl dazugeben, gut mischen. Die Schüssel mit einem sauberen Tuch bedecken, 45 Minuten gehen lassen.
Die Butter mit dem Salz, dem Zucker und der restlichen Milch in einem Topf schmelzen. Die Mischung abkühlen lassen, dann zum Vorteig geben. Das restliche Mehl, die Eier, die Mandeln, die Haselnüsse, das Zitronat, Orangeat, den Zimt, die Rosinen und die Zitronenschale untermischen. Den Teig 15 Minuten kneten, je nach dem etwas Milch hinzufügen. 1 Stunde gehen lassen. Den Teig in 4 gleiche Stücke teilen, in runde Teigplatten von 25 cm Durchmesser mit 15 mm Dicke ausrollen, 1 mal übereinanderschlagen und auf ein gefettetes Backblech legen. 20 Minuten gehen lassen und backen.
Nach dem Backen mit der geschmolzenen Butter bestreichen und mit Puderzucker bestäuben, nochmals 3 Minuten in den Ofen geben.
Diesen Vorgang 3 mal wiederholen.

BACKZEIT

Den Ofen vorheizen. Thermostat 6 (Heißluft 7).
40 Minuten backen (siehe Tips Seite 136).

ALS GETRÄNKE EMPFEHLEN WIR

Kaffee, Tee, zum Frühstück: Milchkaffee

Rezept von Frau Violette Kappler

*Gruau d'Or 000

BRÄTSCHDÄLL

SÜSSE HEFEBREZEL

Zubereitungszeit: 30 Minuten
Gewicht nach dem Backen: 900 Gramm

500 g Mehl*
100 g Zucker
100 g Butter
25 g frische Hefe
2 ganze Eier
1 Eigelb
200 g Milch
50 g Rosinen
5 g Salz (siehe Tips Seite 138)

ZUBEREITUNG

Die Hälfte der Milch lauwarm erwärmen und in eine Schüssel geben.
Die Hefe darin auflösen, 100 g Mehl zugeben und untermischen, die Schüssel mit einem sauberen Tuch abdecken und 20 Minuten gehen lassen.
Die Butter mit dem Rest der Milch, dem Zucker und dem Salz in einem Topf schmelzen, jedoch nicht aufkochen lassen. Danach abkühlen. Unter Rühren mit der ersten Masse mischen, dazu die Rosinen, die 2 Eier und den Rest des Mehls geben. 10 bis 15 Minuten stark kneten. Nochmals abdecken und 30 Minuten gehen lassen. Den Teig auf die bemehlte Arbeitsfläche geben, zu einer etwa 1 Meter langen Rolle formen. Die Rolle zu einer Brezel schlagen, mit dem restlichen Eigelb bestreichen.
Die Brezel auf ein gefettetes Backblech setzen.
Sie können die Brezel garnieren, in dem Sie mit einer Schere kleine Kreuze einschneiden, oder vorgeformte Motive auflegen.
20 Minuten gehen lassen, dann backen.

BACKZEIT

Den Ofen vorheizen. Thermostat 5/6 (Heißluft 6/7).
35 Minuten backen (siehe Tips Seite 136).

ALS GETRÄNKE EMPFEHLEN WIR

Kaffee, Tee, Champagner, trockener Weißwein, zum Frühstück Milchkaffee, heiße Schokolade.

Rezept von Frau Violette Kappler

*Siehe Produkt-Info Seite 11.

WIENACHTS BROT
WEIHNACHTSBROT

Zubereitungszeit: 30 Minuten
Gewicht nach dem Backen: 900 Gramm

500 g Mehl*
100 g Zucker
100 g Butter
25 g frische Hefe
1 Eigelb
300 g Milch
5 g Salz (siehe Tips Seite 138)
50 g Sultaninen

ZUBEREITUNG
100 g Milch lauwarm erwärmen und in eine Schüssel schütten. Die Hefe darin auflösen, 100 g Mehl zugeben, alles mischen.
Die Schüssel mit einem sauberen Tuch abdecken. 20 Minuten gehen lassen. Das restliche Mehl und die Milch, die weiche Butter, den Zucker, das Salz und die Sultaninen dazugeben, 10 bis 15 Minuten kräftig durchkneten. Die Schüssel wieder abdecken und nochmals 30 Minuten gehen lassen.
Den Teig auf eine bemehlte Arbeitsfläche geben, ein ovales Brot formen, die Oberfläche sollte glatt sein.
Das Brot auf ein gefettetes Backblech setzen. Eigelb mit Milch verrühren und das Brot damit bestreichen. Dann in den Backofen geben.

BACKZEIT
Den Ofen vorheizen. Thermostat 5/6 (Heißluft 6/7).
55 Minuten backen (siehe Tips Seite 136).
Das Brot sollte eine schöne dunkle Farbe haben.

ALS GETRÄNKE EMPFEHLEN WIR
Kaffee, Tee, Champagner, trockener Weißwein ... zum Frühstück: Milchkaffee, heiße Schokolade.

Rezept von Frau Violette Kappler

*Gruau d'Or 000

MANNELE

NIKOLAUSMÄNNCHEN

Zubereitungszeit: 30 Minuten
Gewicht nach dem Backen: 900 Gramm

500 g Mehl*
100 g Zucker
100 g Butter
25 g frische Hefe
2 ganze Eier
1 Eigelb
200 g Milch
5 g Salz (siehe Tips Seite 138)

ZUBEREITUNG

Die Hälfte der Milch lauwarm erwärmen, in eine Schüssel gießen. Die Hefe darin auflösen, 100 g Mehl untermischen. Die Schüssel mit einem sauberen Tuch abdecken und den Teig 20 Minuten gehen lassen. Die Butter mit dem Rest Milch, dem Zucker und dem Salz schmelzen, jedoch nicht kochen.
Danach abkühlen lassen. Unter ständigem Rühren zum Vorteig geben. Die 2 Eier und den Rest Mehl dazugeben, 10 bis 15 Minuten kräftig durchkneten und mit einem Tuch abdecken. 30 Minuten gehen lassen.
Den Teig auf eine bemehlte Arbeitsfläche geben und kleine Rollen von 3 cm Durchmesser und etwa 15 cm Länge formen. Die Rollen mit einer Schere einschneiden und den Kopf, die Arme und Beine formen. Auf ein gefettetes Backblech setzen und mit Eigelb bestreichen. Die Augen und die Nase mit Sultaninen oder kleinen Schokoladenkügelchen andeuten.
Nochmal 20 Minuten gehen lassen. In den Backofen geben.

BACKZEIT

Den Ofen vorheizen. Thermostat 5/6 (Heißluft 6/7).
25 Minuten backen (siehe Tips Seite 136).

ALS GETRÄNKE EMPFEHLEN WIR

Für das Frühstück oder zum Nachmittagskaffee: Kaffee, Milchkaffee, Tee, heiße Schokolade ...

Rezept von Frau Violette Kappler.

*Siehe Produkt-Info Seite 11.

NEIJOHR STOLLE

NEUJAHRSSTOLLEN

Zubereitungszeit: 30 Minuten
Gewicht nach dem Backen: 900 Gramm

500 g Mehl*
100 g Zucker
100 g Butter
25 g frische Hefe
2 ganze Eier
1 Eigelb
200 g Milch
5 g Salz (siehe Tips Seite 138)

ZUBEREITUNG

Die Hälfte der Milch lauwarm erwärmen und in eine Schüssel gießen. Die Hefe darin auflösen, 100 g Mehl untermischen. Mit einem sauberen Tuch abdecken und 20 Minuten gehen lassen. Die Butter, den Rest Milch, den Zucker und das Salz in einem Topf schmelzen, jedoch nicht kochen. Abkühlen lassen und unter ständigem Rühren zum Vorteig geben. Dann die beiden Eier und den Rest Mehl dazugeben und den Teig 10 bis 15 Minuten kräftig durchkneten.
Die Schüssel mit einem Tuch abdecken und 30 Minuten gehen lassen.
Den Teig auf eine bemehlte Arbeitsfläche geben und kleine, etwa 7 cm große Kugeln formen. Diese auf ein gefettetes Backblech setzen. Das Eigelb mit etwas Milch mischen und die Kugeln damit bestreichen. Nochmals 20 Minuten gehen lassen. Vor dem Backen mit einer Schere ein Kreuz in die Mitte der Teigkugeln schneiden. Dann in den Backofen schieben.

BACKZEIT

Den Ofen vorheizen. Thermostat 5/6 (Heißluft 6/7).
25 Minuten backen (siehe Tips Seite 136).

ALS GETRÄNKE EMPFEHLEN WIR

Kaffee, Tee, Champagner, trockener Weißwein. Zum Frühstück Milchkaffee, heiße Schokolade ...

Rezept von Frau Violette Kappler

*Gruau d'Or 000

OBST KRANTZ

OBSTKRANZ AUS TROCKENFRÜCHTEN

Zubereitungszeit: 60 Minuten
Gewicht nach dem Backen: 2000 Gramm

500 g Mehl*
250 g Zucker
3 ganze Eier
150 g Butter
400 g Tannenhonig
150 g getrocknete Früchte gemischt (Feigen, Datteln, Aprikosen, Nüsse)
150 g geschälte Walnüsse
1 Päckchen Backpulver und 1 Päckchen Vanillezucker (siehe Tips Seite 132)
6 EL Milch
3 Tropfen Mandelaroma
1 TL Zimt gemahlen
½ TL Ingwer gemahlen
1 Messerspitze Kardamom, Muskat und Gewürznelke

ZUBEREITUNG

Die Nüsse, Aprikosen, Feigen und die Datteln kleinschneiden. Die Milch und den Zucker, den Vanillezucker, die Butter und den Honig bei schwacher Hitze erwärmen. Abkühlen lassen. Die 3 ganzen Eier, die Gewürze, das Backpulver, das Mehl und danach die kleingeschnittenen Früchte dazugeben.

Eine Kranzform ausfetten und mit Zucker bestreuen. Den Teig in die Form füllen und in den Backofen schieben. Nach dem Backen können Sie den Kranz mit einer Teigspritze mit 1 mm Einsatz garnieren. Hierzu den Puderzucker mit ganz wenig kaltem Wasser anrühren, damit er gut mit der Teigspritze gespritzt werden kann. Dann noch mit den Walnußkernen, die vorher karamelisiert wurden, verzieren.

BACKZEIT

Den Ofen vorheizen. Thermostat 6 (Heißluft 7).
75 Minuten backen (siehe Tips Seite 136).

ALS GETRÄNKE EMPFEHLEN WIR

Kaffee, Tee, Champagner, liebliche Weißweine: Gewürztraminer, Muscat, Sauternes, Coteau du Layon, Monbazillac...

Rezept von Frau Violette Kappler

*Siehe Produkt-Info Seite 11.

AMELIE KUECHE

WEIHNACHTSKUCHEN MIT ORANGEN

Zubereitungszeit: 15 Minuten
Gewicht nach dem Backen: 1200 Gramm

300 g Mehl*
500 g Zucker
4 ganze Eier
100 g Öl
100 g Stärkemehl (Mais- oder Kartoffelmehl)
½ Päckchen Backpulver
1 gehäufter TL Zimt gemahlen
Schale von 1 Zitrone
Schale von 1 Orange
120 g Milch

ZUBEREITUNG

Die Eier schlagen, den Zucker dazugeben und rühren, bis die Masse weiß wird. Dazu kommt der Zimt, die Schalen von der Zitrone und Orange, die Milch, das Backpulver und das Öl. Das Mehl und das Stärkemehl untermengen. Zwei Kuchenformen einfetten und mit Backpapier auslegen. Den Teig einfüllen und mit einem Sieb reichlich mit Puderzucker bestreuen.
In den Backofen geben.

BACKZEIT

Den Ofen vorheizen. Thermostat 5/6 (Heißluft 6/7).
60 Minuten backen (siehe Tips Seite 136).

ALS GETRÄNKE EMPFEHLEN WIR

Kaffee, Tee, Champagner, liebliche Weißweine: Gewürztraminer, Muscat, Sauternes, Coteau du Layon, Monbazillac...

Rezept von Frau Violette Kappler

*Gruau d'Or 000

LINZER TARTE

LINZERTORTE

Zubereitungszeit: 30 Minuten
Gewicht nach dem Backen: 1300 Gramm

250 g Mehl*
250 g Zucker
3 ganze Eier
200 g Butter
100 g Mandeln
250 g Biskuitbrösel
10 g Backpulver (siehe Tips Seite 137)
1 Messerspitze Gewürznelken
½ TL Zimt gemahlen
1 Prise Salz
1 Glas Himbeermarmelade

ZUBEREITUNG

Den Zucker, das Backpulver, die Mandeln, die Gewürze und das Salz mit dem Mehl mischen. Die kalte Butter dazugeben, den Teig kneten bis alles gut vermischt ist. Zuerst die Eier, dann die Biskuitbrösel dazugeben und fertigkneten.
Den Teig in gleiche 2 Teile teilen. Eine Backform mit 30 cm Durchmesser einfetten, eine Hälfte des Teigs damit auslegen. Die andere Hälfte des Teigs nochmals teilen, aus der einen Hälfte einen etwa 1,5 cm dicken Rand formen.
Die Marmelade auf den Boden verteilen. Den restlichen Teig etwa 5 mm dick ausrollen, Formen ausstechen und die Torte damit belegen. Nach dem Backen die Torte mit Himbeergelee bestreichen.

BACKZEIT

Den Ofen vorheizen. Thermostat 5 (Heißluft 6).
45 Minuten backen (siehe Tips Seite 136).

ALS GETRÄNKE EMPFEHLEN WIR

Kaffee, Tee, Champagner, liebliche Weißweine: Gewürztraminer, Muscat, Sauternes, Coteau du Layon, Monbazillac...

Rezept von Frau Violette Kappler

*Siehe Produkt-Info Seite 11.

SCHOKOLA CHARLOTTE

SCHOKOLADENCHARLOTTE

Zubereitungszeit: 45 Minuten
Gewicht nach der Zubereitung: 1400 Gramm

500 g Löffelbiskuits (siehe Tips Seite 128)
200 g Bitterschokolade und 2 EL Kakao
150 g Zucker
200 g Butter
6 ganze Eier
100 g Punch (siehe Tips Seite 133)
1,5 l Vanillesoße

ZUBEREITUNG

Die Butter weich werden lassen, dann schaumig schlagen, den Zucker dazugeben und solange rühren bis die Masse weiß wird. Die Eier trennen, die Eigelbe nach und nach unter Schlagen zugeben. Dazu kommt die fein geriebene Schokolade. Die Eiweiß zu steifem Schnee schlagen, den Kakao ganz am Schluß unterheben. Diese Masse sehr vorsichtig unter die erste mischen.

Die Kuchenform am Rand und am Boden mit den Löffelbiskuits auslegen, mit einem Pinsel den Punsch auftragen. Die Schokoladenmasse einfüllen, mit den restlichen Löffelbiskuits belegen. Die eventuell überstehenden Biskuits abschneiden. Die Form mit Alufolie abdecken und 24 Stunden kühlstellen.

20 Minuten vor dem Servieren aus der Form nehmen, etwas Vanillesoße darübergießen. Mit Schokostreusel und/oder gerösteten Mandeln garnieren.

TIP

Die Charlotte 24 Stunden vorher zubereiten. Mit Vanillesoße servieren.

ALS GETRÄNKE EMPFEHLEN WIR

Kaffee, Rotweine: Cahors, Madiran ... Liebliche Weine älteren Jahrgangs: Malaga, Banuyls, Maury, Rivesaltes, Rasteau ...

Rezept von Frau Violette Kappler

MANDEL TARTE

DREIKÖNIGSKUCHEN MIT MANDELN

Zubereitungszeit: 30 Minuten
Gewicht nach dem Backen: 900 Gramm

500 g Blätterteig (siehe Tips Seite 127)
100 g Mandeln
100 g Zucker
2 ganze Eier
1 Eigelb
2 EL Mehl*
1 kleines Schnapsglas Mirabellen- oder Zwetschgenwasser
1 große, dicke Bohne

ZUBEREITUNG

Die Eier trennen. Die Mandeln hacken. Die 2 Eigelb mit dem Zucker schaumig rühren bis die Masse weiß wird. Die Mandeln, das Mehl und den Alkohol dazugeben, durchrühren. Die Eiweiße zu steifem Schnee schlagen und vorsichtig unter die erste Masse mischen.

Den Blätterteig etwa 4 mm dick ausrollen, damit er für 2 Teigplatten reicht (zu diesem Zweck eine Kuchenform auf den Teig legen und den Teig außenherum abtrennen. Die erste Teigplatte auf ein gefettetes Backblech legen. Mit einem Pinsel den Rand mit der Mischung aus etwas Milch und Eigelb bestreichen. Die Mandelmasse in die Mitte streichen, die Bohne darauflegen. Mit der zweiten Teigplatte abdecken. Den Rand des Kuchens mit einem Messerstiel gut andrücken, damit sich die beiden Teile gut verbinden.

Den Kuchen mit Eigelb bestreichen und mit der Messerspitze je nach Geschmack verzieren. In den Backofen geben.

BACKZEIT

Den Ofen vorheizen. Thermostat 6/7 (Heißluft 7/8).
30 Minuten backen (siehe Tips Seite 136).

ALS GETRÄNKE EMPFEHLEN WIR

Kaffee, Cremkaffee, Tee ...

Rezept von Frau Violette Kappler

*Gruau d'Or 000

TIPS UND GEWUSST WIE...

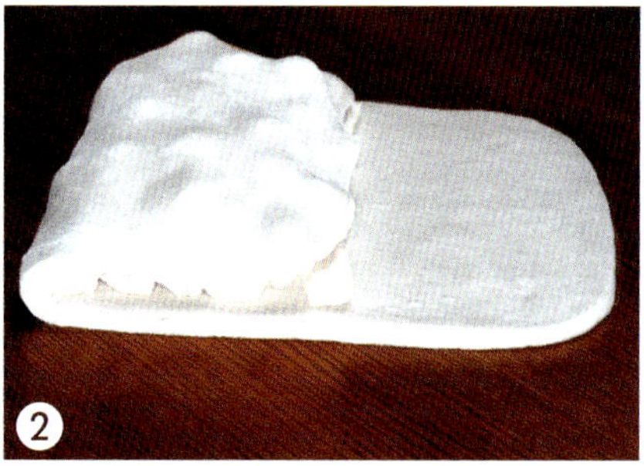

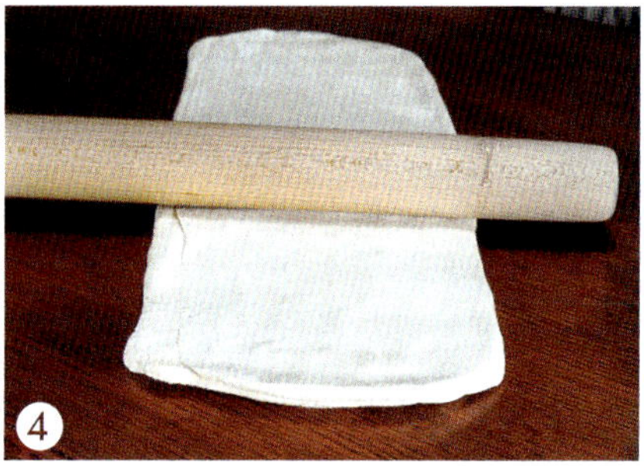

Anfang des
zweiten Durchgangs...

Blätterteig selbst herstellen

Zubereitungszeit: 1 Stunde

*500 g Mehl**
400 g Butter
1 Glas Wasser
10 g Salz (siehe Tips S. 138)

ZUBEREITUNG

Die Herstellung von Blätterteig erfolgt in 6 Arbeitsgängen. Zwischen jedem Arbeitsgang muß der Teig etwa 20 bis 30 Minuten kühl gestellt werden.
Das Wasser, das Salz, das Mehl mischen und kneten bis ein glatter, elastischer und fester Teig entsteht.
① Den Teig etwa 1 cm dick zu einem Rechteck ausrollen. Die kalte Butter in kleine Stücke schneiden und in die Mitte des ausgerollten Teigs geben.
② ③ Die kurzen Seiten des Teigblattes über der Butter zusammenlegen.
④ Den Teig wiederum zu einem Rechteck ausrollen.
⑤ ⑥ Den Teig noch dreimal wie vorher beschrieben zusammenschlagen.
Den Teig 20 - 30 Minuten kaltstellen.
Die erste Phase ist abgeschlossen.
⑦ Den obigen Vorgang noch 5 mal wiederholen. Den Teig immer in der anderen Richtung ausrollen. Zwischendurch immer kaltstellen.

BACKZEIT

Den Ofen vorheizen. Thermostat 6/7 (Heißluft 7/8).
(Siehe Tips Seite 136).

*Gruau d'Or 000

Löffelbiskuits selbst herstellen

Zubereitungszeit: 30 Minuten
Gewicht nach dem Backen: 1000 Gramm (135 Biskuits)

400 g Mehl*
400 g Zucker
100 g Puderzucker
15 ganze Eier
50 g Stärkemehl (Kartoffelmehl)

ZUBEREITUNG

Die Eier trennen.
Die Eiweiß zu einem sehr festen Schnee schlagen, von Anfang an den Zucker und das Stärkemehl beimengen.
Die Eigelbe nach und nach dazugeben, dann das Mehl vorsichtig unterrühren.
Ein Backblech mit Backpapier oder Alufolie auslegen.
Den Teig in eine Teigspritze mit 10-mm-Einsatz füllen, kleine Stangen spritzen (etwa 1,5 cm breit und 8 - 10 cm lang). Reichlich mit Puderzucker bestreuen.
Etwa 15-20 Minuten ruhen lassen.
Backen.

BACKZEIT

Den Ofen auf mittlere Temperatur vorheizen, Thermostat 6/7 (Heißluft 7/8).
10 Minuten backen (siehe Tips Seite 136).

*voir info-produit p. 11

Kandierte Früchte selbst herstellen

Zubereitungszeit: 1 Stunde

Orangenschalen (für das Orangeat)
Zitronenschale (für das Zitronat)
entsteinte Kirschen und Engelwurz-Stangen
900 g Zucker

ZUBEREITUNG

Die Herstellung der kandierten Früchte erfolgt in 4 Schritten, dazwischen 24 Stunden ruhen lassen.

Die Obstschalen abbürsten. Das Obst und die Schale blanchieren. Einen Sirup aus 1 l Wasser und 500 g Zucker kochen, die Früchte dazugeben und zum Aufkochen bringen. Beim ersten Aufkochen vom Herd nehmen und 24 Stunden ruhen lassen.

Die Früchte herausnehmen und abtropfen lassen.

Den Sirup am nächsten Tag zum Kochen bringen und 100 g Zucker hinzufügen, dann die Früchte wieder dazugeben und kurz aufkochen lassen. Beim ersten Aufkochen vom Herd nehmen und 24 Stunden zum Ruhen abstellen.

Die Früchte wieder herausnehmen und abtropfen lassen.

Die beiden ersten Schritte sind abgeschlossen. Es folgen noch weitere 2 Schritte, jedesmal wieder 100 g Zucker zum Sirup geben und 24 Stunden ruhen lassen.

Getrocknete Früchte selbst herstellen

Zubereitungszeit: 1 Stunde

Äpfel, Birnen,
Zwetschgen, Mirabellen

ZUBEREITUNG

Unbeschädigte Früchte auswählen.
Die einzelnen Zwetschgen und Mirabellen sehr sorgfältig mit einem sauberen Tuch trocknen. Die Äpfel schälen, das Kerngehäuse entfernen und die Äpfel in feine Scheiben schneiden. Die Birnen schälen, die Kerne entfernen und die Birnen in feine Scheiben schneiden. Die so vorbereiteten Früchte auf einem Weidengeflecht ausbreiten. Bei extrem niedriger Temperatur im Backofen trocknen lassen.

TROCKNEN IM BACKOFEN

Den Ofen auf niedrigste Temperatur vorheizen. Die Tür bleibt dabei halb offen. Thermostat 1 bis die Früchte getrocknet sind. (Siehe Tips Seite 136).

AUFBEWAHRUNG

Die Früchte sollten in einem Leinen- oder Baumwollbeutel oder in einem nicht fest verschlossenen Behälter aufbewahrt werden.

Eingelegte Sauerkirschen selbst herstellen

Zubereitungszeit: 15 Minuten

250 g Sauerkirschen
¼ l Obstwasser
100 g Zucker
2 Päckchen Vanillezucker (siehe Tips Seite 132)

Zubereitung

Die Kirschen waschen.
Den hinteren Teil des Stieles gleichmäßig abschneiden. In ein luftdicht schließendes Glas geben, mit dem Zucker und dem Vanillezucker bestreuen, mit dem Schnaps bedecken. Etwa 2-3 Monate ruhen lassen.

Vanillezucker selbst herstellen

Zubereitungszeit: 5 Minuten

500 g Zucker
3 Vanilleschoten

PRAKTISCHE TIPS

1 Päckchen Vanillezucker entspricht 7,5 g
1 gestrichener EL Vanillezucker entspricht 7,5 g

ZUBEREITUNG

Den Zucker in ein fest zu verschließendes Gefäß geben.
Die Vanilleschoten der Länge nach aufschneiden und in den Zucker drücken.
Die Zubereitung einige Wochen ziehen lassen, das Gefäß zwischendurch regelmäßig schütteln.

Punsch selbst herstellen

Zubereitungszeit: 10 Minuten

150 g Zucker
15 cl Wasser
4 cl Kirschwasser

ZUBEREITUNG

Den Zucker mit dem Wasser bei schwacher Hitze erwärmen bis der Zucker aufgelöst ist, den Schnaps dazugeben und abkühlen lassen.

Die Kunst, Schokolade zum Schmelzen zu bringen

Vorbereitungszeit: 15 Minuten

ALLGEMEINES

Halbbittere Schokolade (Blockschokolade):
Sie beinhaltet mindestens 50 bis 70 % Kakaomasse und Kakaobutter. Würde man Schokoladensorten benützen, deren Kakaoanteil niedriger als der oben angegebene wäre, würde das zu einem enttäuschenden Ergebnis, etwa beim Glasieren führen. Die halbbittere Schokolade ist die beim Backen meist verwendete.

Milchschokolade:
Sie ist, durch das Hinzufügen von Milch, süßer als die halbbittere Schokolade. Sie ermöglicht einen Kontrast in Geschmack und Farbe zur halbbitteren Schokolade.

Kuvertüre:
Das Nonplusultra beim Backen. Diese Schokolade schmilzt besser und läßt sich leichter verarbeiten, aber verlangt einiges mehr an Können.

Weiße Schokolade:
Die einzige Schokolade, die keine Kakaomasse enthält.

Bittere Schokolade:
Beinhaltet weniger Zucker als die halbbittere Schokolade. Sollten Sie diese Schokolade verwenden, obwohl das im Rezept nicht ausdrücklich, dann brauchen Sie nur mehr Zucker dazuzugeben.

Kakao:
Der echte Kakao beinhaltet nie Zucker. Wenn Sie Kakao anstelle von halbbitterer Schokolade verwenden, fügen Sie zu 100 g Kakao 200 g Zucker hinzu.

ZUBEREITUNG

Erhitzen Sie ein Wasserbad und nehmen es von der Kochstelle weg. Dann stellen Sie in einem Behälter die Schokolade in kleinen Stücken ins Wasserbad. Mit Hilfe eines Backthermometers oder einer Sonde überprüfen Sie die Temperatur. Sie soll 40 bis 45° C betragen. Über dieser Temperatur würde die Schokolade körnig werden und ihren Glanz verlieren. Aus dem Wasserbad nehmen und bis auf 26° C abkühlen lassen. Wieder ins Wasserbad stellen und die Temperatur bis auf etwa 30 bis 32° C ansteigen lassen. Jetzt kann die Schokolade als Überzug verwendet werden.

RATSCHLÄGE

Bei der Milchschokolade ist ein sorgfältiges Überprüfen der Temperatur beim Schmelzen notwendig. Die Milchschokolade zeigt eine sehr starke Reaktion bei zu hoher Temperatur und ist dann schlecht zu verarbeiten. Das Wasserbad sollte aus diesem Grund nur lauwarm sein.

Um den Glanz zu erhöhen, können Sie einen Teelöffel Öl mit neutralem Geschmack beifügen. Dies erleichtert zudem die weitere Verarbeitung der Schokolade.

Die Schokolade ist im allgemeinen sieben Wochen bei einer Temperatur von 14 bis 18° C haltbar. Die halbbittere Schokolade hält länger, etwa zehn Wochen.

Wie kann man Thermostat- in Temperaturangaben umwandeln

Welcher ungefähren Temperatur des Backofens entsprechen die Thermostateinstellungen

Elektrischer Heißluftbackofen:

Thermostat-einstellung	Temperatur	Beschreibung
Position 1	50° C	sehr milde Hitze
Position 2	80° C	sehr schwache Hitze
Position 3	95° C	schwache Hitze
Position 4	110° C	schwache Hitze
Position 5	125° C	mittlere Hitze
Position 6	140° C	mittlere Hitze
Position 7	155° C	heiß
Position 8	170° C	heiß
Position 9	185° C	starke Hitze
Position 9	200° C	starke Hitze

Elektrischer herkömmlicher Backofen

Im Vergleich zu den oben angegebenen Temperaturen verringern sich bei einem herkömmlichen Backofen die Thermostateinstellungen um 1 Position. Verringern Sie auf keinen Fall die angegebene Backzeit

Zusätzliche Hinweise

Einfluß der Kuchenformen auf das Garwerden:

– Aluminium hat keinen Einfluß auf das Garwerden.

– Teflonbeschichtetes Aluminium, weiße Kuchenblech oder Terrakotta verzögern das Garwerden von unten.

– Das Gußeisen und das schwarze Kuchenblech beschleunigen das Garwerden von unten. Schwarze Kuchenbleche sind für das Backen ideal und die am meisten verwendeten.

Zwischen den verschiedenen Backpulvern unterscheiden...

Bevor es das Backin gab, wurde Kaliumkarbonat (Pottasche) und Ammoniumkarbonat verwendet. Was unterscheidet diese verschiedenen Backpulver?

Backin: Es ermöglicht das Gehen des Teigs in die Höhe als auch in die Breite. Es kann das Kalium- und Ammoniumkarbonat ersetzen.

Kaliumkarbonat: Es begünstigt das Gehen des Teigs vor allem in die Breite.

Ammoniumkarbonat: Es begünstigt das Gehen des Teigs hauptsächlich in die Höhe.

Das Gehen des Teigs ist mit den diesen Backpulvern auf jeden Fall gewährleistet. Ihnen bleibt es überlassen, dieses oder jenes zu verwenden, je nachdem welche Backware Sie ausgesucht haben und welche Form der Kuchen haben soll.

Welches Gewicht entspricht welchem Volumen?

GEWICHTE

Zutaten	dl	gestrichener Eßlöffel	gestrichener Teelöffel
Kakao	—	4 g	2 g
Backpulver	—	6 g	3 g
Salz (fein)	150 g	12 g	6 g
Semmelmehl	50 g	4 g	2,5 g
Butter	—	8 g	4 g
Stärkemehl	80 g	6,5 g	3,5 g
Maisstärkemehl	60 g	5 g	2,5 g
Mehl	60 g	6 g	2,5 g
Kristallzucker	100 g	7 g	3,5 g
Puderzucker	60 g	5 g	2 g
Rosinen	70 g	—	—

ganzes Ei	50 g
Eiweiß	30 g
Eigelb	20 g

VOLUMEN

1 Liter = 10 Deziliter (dl) = 100 Zentiliter (cl) = 1000 Milliliter (ml)
1 Deziliter (dl) = 100 Milliliter (ml) = 17 Eßlöffel
1 Eßlöffel = 3 Teelöffel
1 Teelöffel = 3 Milliliter (ml)

Eiweiß ohne Schwierigkeiten steifschlagen

Eiweiß einwandfrei steif zu schlagen, zumal wenn große Mengen Zucker verwendet werden, ist nicht immer eine einfache Sache.
Wann sind große Mengen Zucker enthalten?
Einfach wenn das Gewicht des Zuckers das des Eiweiß übersteigt (ein Eiweiß wiegt 30 g).
Ein einfacher Trick besteht darin, das Eiweiß etwas zu erhitzen. Um das zu erreichen, gibt es mehrere Methoden, von denen wir Ihnen zwei vorstellen, weil sie einfach zu handhaben sind.

Die herkömmliche Methode:
Sie besteht ganz einfach darin, das Eiweiß im Wasserbad steif zu schlagen. Das ist eine sehr wirksame, aber ziemlich unpraktische Methode.

Die Konditormethode:
Sie besteht darin, das Eiweiß mit dem Zucker zusammen auf etwa 55° C zu erhitzen, von der Kochstelle zu nehmen und dann diese Masse steif zuschlagen.
Um die Temperatur zu überprüfen, können Sie ein Backthermometer oder eine Sonde verwenden. Sie können aber auch die Temperatur überprüfen, indem Sie einen Finger in die Masse stecken. Sie sollen spüren, daß die Masse sehr warm ist, ohne daß Sie sich dabei verbrennen.

Inhaltsverzeichnis

EURO REGIONS EDITIONS
EUREGIO EDITEURS
33, rue Bastian 67200 STRASBOURG

1. Auflage
Drucklegung: November 1996

ISBN 2-911666-03-8
In Italien gedruckt.

Satz: Satzwerkstatt Reiner Rosenwald, Baden-Baden
Reproduktion: Satzwerkstatt Reiner Rosenwald, Baden-Baden
Druck und Verarbeitung: Grafiche SIZ, Verona